Weihnachten '96
Köln

19,80

W0351182

TYPISCH KANARISCHE KÜCHE

Die besten Original-Rezepte Nachspeisen und Liköre

Jose Luis Concepción

1. Auflgage Jan. 1987
2. Auflgage März 1987
3. Auflgage, enweitert Dez. 1987
4. Auflgage Mai 1988
5. Auflgage Dez. 1989
6. Auflgage Dez. 1990
7. Auflgage Oktober 1991
8. Auflgage Oktober 1992
9. Auflgage Juli 1993
10. Auflgage Dez. 1993

Verleger: José Luis Concepción
Übersetzung: Irmgard Heiman
(nach der 5 span. Auflage)
(3. Auflage, erweitert nach der 8 span. Auflage)
Titel der Originalausgabe:
"Cocina canaria típica, práctica, postres y licores"

Depósito legal: TF. 15/87
I.S.B.N. 84-404-1205-3

Druckerei: GRAFICOLOR
C/Francisco Ramos, 75.
Bº La Candelaria, La Cuesta
La Laguna - Tenerife

Verlag:
Asociación Cultural de las Islas Canarias
(Kultur - Gesellschaft der Kanarischen Inseln)
Núñez de la Peña, 68
38203 - La Laguna
TENERIFE - Islas Canarias

INHALTSVERZEICHNIS

VORWORT

Unsere Kanarische Küche ist und war auch früher sehr viel reichhaltiger als viele Leute glauben. Die Verarmung der Inseln in vergangenen Zeiten führte dazu, dass sich die Einheimischen grösstenteils darauf beschränkten, fast ausschliesslich das essen, was sie ernteten. Und so kam es, dass viele gute Rezepte, die früher in den meisten kanarischen Familien vorhanden waren, in Vergessenheit gerieten.

Seitdem ich mein voriges Buch "Kanarische Sitten, Traditionen und Heilmittel" herausgab, verfüge ich über einen grossen Teil dieser Rezepte, die ich hier so einfach wie möglich wiedergebe, um sie auch jungen Leuten, die im Zubereiten von Speisen noch nicht geübt sind, leicht verständlich zu machen. Dabei habe ich dieselbe Ausdrucksweise beibehalten, in welcher mir die Rezepte mit viel Freundlichkeit und Geduld nicht nur von Hausfrauen erklärt wurden, sondern auch von Männern, die gerne Kochen. Man denke also nicht, die Küche sei nur Frauensache, denn in den meisten Hotels und Restaurants stehen männliche Köche am Herd. Schliesslich ist Kochen eine Kunst.

Solte in irgendeinem der Rezepte eine Zutat fehlen, so ist es darauf zurückzuführen, dass unsere kanarische Küche nicht nur von einer Insel zur andern variiert, sondern oft auch zwischen den verschiedenen Gegenden ein und derselben Insel.

Ich möchte die Lektüre des Nachwortes über "Ernährung und Gesundheit" empfehlen. Meine Absicht besteht einzig und allein darin, einen praktischen Wegweiser zu bieten bezüglich der wichtigsten Grundbegriffe über Ernährung, um sich besserer Gesundheit zu erfreuen und länger zu leben.

Da die Beschreibung der Rezepte nicht allzu ausführlich werden sollte, folgen nachstehend einige Hinweise, die für gewisse Speisegruppen gelten.

FLEISCH UND FISCH

Falls aus zeitlichen oder beruflichen Gründen das Essen so schnel wie möglich zubereitet werden soll, kann man auf die Sossen verzichten und Fleisch oder Fisch einfach schmoren, dünsten oder braten und evtl. mit Zutaten würzen, wie sie in vielen Rezepten dieses Büchleins angegeben sind. Zu einem gebratenen Steak kann man einen schmackhaften Salat zubereiten oder Gemüse beigeben, das beinahe zur selben Zeit wie das Fleisch gerart werden kann.

Wenn Fleisch im Ofen gebraten werden soll, wie z.B. Schweinskeule (auf kanarische Art), so ist es nicht notwendig, die Schwarte zu entfernen, sondern man schneidet sie ringsum mehrere Male ein und lässt das Fleisch langsam braten.

SUPPEN, EINTOPF, REIS

Mit den hier genannten Suppen und Eintopfgerichten kann ausreichend Erfahrung erworben werden, um sie nach Geschmack und Belieben zuzubereiten, indem man einige der Zutaten durch andere ersetzt oder neue beigibt. Wenn man also statt Kresse "Jaramagos" (eine Art Rübenkraut) verwendet, dann ist es zwar kein Kresseeintcpf mehr, aber die übrigen Zutaten bleiben unverändert.

Möchte man Reis mit Meeresfrüchten statt mit Schweinefleisch zubereiten, so braucht man dieses nur durch erstere zu ersetzen, aber die restlichen Zutaten bleiben grundsätzlich dieselben. Gekochte, Reis wird normalerweise Kleingehackter Knoblauch, ein Stückchen rote Paprikaschote, ein Schuss Öl, Salz und die doppelte Menge Wasser beigegeben.

Gekochter Reis ist eine ausgezeichnete Beilage zu Sossenfleisch, Linsensuppe und weissen Bohnen.

Bezüglich der "papas" (Kartoffeln) muss gesagt werden, dass das der richtige Name ist und nicht "patatas", obgleich es so im Wörterbuch steht. Der anerkannte Sprachwissenschaftler und Forscher Dr. Juan Régulo Pérez behauptet und bestätigt aufgrund von Dokumenten, dass der Name "patata"irrtümli-

cherweise von "batata" (Süsskartoffel) übernommen wurde, die tatsächlich so heisst. Also nennen wir die Kartoffeln hier auf den Kanarischen Inseln weiterhin "papas".

Und unser "cochino" (Schwein) wird in letzter Zeit "cerdo" genannt, abwohl es hier auf den Inseln von jeher "cochino" hiess: "matazón de cochino" (Geschlachtetes vom Schwein), "carne de cochino salada" (gesalzenes Schweinefleisch) usw. Man soll also "cochino" verlangen, wenn man etwas von Schwein haben möchte.

Dazu muss erklärt werden, dass gewisse Sprachunterschiede zwischen dem spanischen Festland und den Kanarischen Inseln auf den schon von jeher engen Kontakt mit Lateinamerika (besonders Kuba und Venezuela) zurückzuführen sind.

Zwei typische Bestandteile der kanarischen Küche, und die immer wieder in zahlreichen Rezepten vorkommen, sind "gofio" und "mojo" (wird "mocho" ausgesprochen). Gofio ist Mehl von geröstetem Getreide, hauptsächlich Weizen und Mais, aber auch von Kichererbsen. Mojo ist eine je nach den Zutaten mehr oder weniger pikante Tunke vielseitiger Anwendung.

SUPPE MIT EINLAGE

Zutaten (für 6 Personen):
5 l Wasser, der vierte Teil von einem Huhn, 250 g Rindfleisch oder Suppenknochen mit Mark, ein Brot, 2 Eier, eine kleine Zwiebel, eine kleine Tomate, eine kleine Mohrrübe, Gartenminze, Salz, ein paar Knoblauchzehen und etwas Speiseöl.

Fleisch und Huhn zusammen mit Tomate, Zwiebel, Knoblauch und Möhre unzerkleinert zum Kochen bringen. Nach Geschmack salzen.

Unterdessen die Eier hartkochen und schälen. Das Brot in kleine Würfel schneiden und in der Pfanne rösten.

Wenn die Brühe gut ausgekocht ist, in die Teller sieben und die gerösteten Brotwürfel und kleingeschnittenen Eier beigeben. Mit ein paar Blättchen Gartenminze aromatisieren.

Was die Wassermenge anbelangt, so wurde berücksichtigt, dass während dem Kochen ein Teil davon verdunstet.

FISCHSUPPE

Zutaten:
2 l Wasser, eine Zwiebel, eine Tomate, eine halbe Knoblauchzwiebel, etwas Petersilie, eine halbe Paprikaschote, 1/2 kg Kartoffeln, ein wenig Safran, 2 Esslöffel Olivenöl, Salz nach Geschmack, ein kleines Glas Reis und ein 500 g wiegender Fisch (Brachsen, «Vieja», Merlan, Heilbutt).

Das Wasser zum Kochen bringen, Knoblauch, Petersilie und Safran im Mörser stossen und das übrige unzerkleinert beigeben.

Sobald die Kartoffeln kochen, den gewaschenen Reis beigeben. Der gesäuberte und entschuppte Fisch kommt erst dann hinzu, wenn die restlichen Zutaten beinah gar sind.

Man kann die Suppe noch schmackhafter machen, indem man den Fisch vorher in der Pfanne leicht anbrät.

FISCHSUPPE

Eine andere Zubereitungsweise:
Den Fisch kurz anbraten, die Gräten entfernen, zerkleinern und beinah zum Schluss beigeben, wobei man auf die Kartoffeln verzichtet.

SCHALTIERSUPPE

Die Zubereitungsweise und die Zutaten sind dieselben, aber statt Fisch verwendet man Krabben, Miesmuscheln, usw., mit Reis und ohne Kartoffeln.

TOMATENSUPPE

Zutaten:
1 kg Tomaten, eine Zwiebel, ein paar Knoblauchzehen, ein paar Lorbeerblätter, etwas frischer Thymian, eine halbe Schote Süsspaprika, gemahlener Gewürzpaprika, Salz, 2 l Wasser und ein Gläschen Speiseöl.

Zwiebel und Knoblauch anbraten. Wenn die Zwiebel gebräunt ist, die in Würfel geschnittenen geschälten Tomaten hinzugeben und mitschmoren lassen, bis sie zergangen sind.

Das Ganze in den Topf mit dem kochenden Wasser tun und eine gute Weile auf kleiner Flamme sieden lassen.

Die aromatischen Zutaten können zusammen mit den Tomaten in die Pfanne gegeben werden oder auch direkt in den Kochtopf.

Die Suppe durch ein Sieb giessen, und bevor sie in die Teller kommt, tut man in diese ein wenig von der kleingehackten Paprikaschote und ein paar Blättchen Gartenminze.

GEKRÖSEBRÜHE
(Typisch für das Dorf Arafo)

Zutaten:
2 kg Gekröse, 250 g Kichererbsen, 10 mittelgrosse Kartoffeln, 5 Liter Wasser, eine Tomate, eine süsse Paprikaschote, etwa 200 g Schweinefleisch (Speck), eine kleine Knoblauchzwiebel, ein Schweinsknochen, zwei Brotkrusten, ein paar Mandeln, ein paar schwarze Pfefferkörner, etwas Muskat, ein Teelöffel Zucker, ein paar Zweigchen frischer Thymian, ein paar Blättchen Gartenminze, Salz und nach Belieben ein Gläschen Weisswein.

Zuerst das Gekröse einige Minuten lang im Wasser kochen lassen, dem man ein paar Lorbeerblätter und etwas Salz beigegeben hat. Dann Wasser abschütten, Gekröse abkühlen lassen und in kleine Stückchen schneiden.

Jetzt die 5 l Wasser mit dem Speck und dem Knochen, sowie Knoblauch und Mandeln, beides feingehackt, und dem schwarzen Pfeffer und grobkörnigem Salz in den Topf geben. Dann Tomate, Zwiebel und Paprikaschote anbraten und ebenfalls in den Kochtopf tun. Alles zusammen soll ungefähr eine halbe Stunde sieden, dann kommen die restlichen Zutaten sowie das Gekröse hinzu.

Mit ein paar Brotscheiben im Teller wird aus dieser Brühe eine schmackhafte Brotsuppe, die man mit Gartenminze aromatisiert. Mit einem Schaumlöffel Kichererbsen, Fleisch und Kartoffeln getrennt auf einer Platte servieren, obgleich auch alles zusammen aufgetragen werden kann.

FISCHBRÜHE

Zutaten:
Ein etwa 1 kg wiegender Fisch (Brachsen, Heilbutt, Meeräsche), eine grosse Zwiebel, 2 Tomaten, eine Knoblauchzwiebel, ein Glas Öl, ein paar Zweigchen Koriander, eine grüne Paprikaschote, ein paar Blättchen Gartenminze, Safran, gemahlener roter Paprika, Kümmel, Grobsalz und 1 1/2 kg Kartoffeln.

In etwa 3 Liter Wasser den Fischkopf zusammen mit den genannten Zutaten ausser Koriander, Gartenminze und Paprikaschote kochen. Unterdessen die Kartoffeln schälen und den Fisch in Scheiben schneiden. Wenn die Brühe gut durchgesiedet ist, giesst man sie durch ein Sieb. Kartoffeln in dieser Brühe zum Kochen aufsetzen. Wenn sie halb gar sind, die Fischscheiben und zum Schluss Koriander, Gartenminze und den kleingeschnittenen grünen Paprika beigeben.

Auf der Insel von Gran Canaria wird dieses Gericht auf folgende Weise serviert: Als Vorspeise gibt man ein paar Brotscheiben in die einzelnen Teller zusammen mit ein paar Blättchen Gartenminze und ein wenig kleingehacktem Knoblauch und giesst etwas von der Brühe darüber. Mit dem Rest der Fischbrühe wird ein "escaldon" (Gofiobrei) zubereitet, der mit den Kartoffeln und dem Fisch als Hauptspeise aufgetragen wird.

WEIZENBRÜHE

Zutaten:
500 g Weizen, gesalzenes Schweinefleisch, Weiss– oder Grünkohl, Kartoffeln, Süsskartoffeln, Kürbis, Pantane (weisser Kürbis), Knoblauch, Safran und Kümmel.

Den Weizen am Vortag einweichen, Wasser abgiessen und mit 4 Liter frischem Wasser und dem abgewaschenen oder kurz eingeweichten Salzfleisch zum Kochen ansetzen. Mehrmals mit etwas kaltem Wasser abschrecken. Den Safran auf dem Kochtopfdeckel anwärmen und zusammen mit Knoblauch und Kümmel im Mörser stossen, in den Topf geben, und sobald der Weizen beinah weichgekocht ist, das Gemüse hinzufügen.

BIRNENBRÜHE

Zutaten:
1 kg etwas grüne Birnen, 2 Maiskolben, 2 kg Kartoffeln, eine Zwiebel, eine Tomate, etwas Petersilie, eine kleine Tasse Trockenbohnen, ein Tässchen Olivenöl, Salz nach Geschmack und ungefähr 4 Liter Wasser.
Manche Leute geben ein Stück Schweinefleisch, Knoblauch und Safran bei.

Die Bohnen müssen am Vortag eingeweicht werden, Wasser vor dem Kochen abschütten. In die 4 Liter Wasser gibt man die vorgeweichten Bohnen, Maiskolben, Fleisch und die übrigen Zutaten mit Ausnahme der Birnen und Kartoff souvenir en, was erst dann hinzukommt, wenn die Bohnen halb weich sind. Nicht vergessen, diese dreimal mit je einem Glas kaltem Wasser abzuschrecken.

MAISBRÜHE (Lanzarote)

Zutaten:
1 kg trockene Maiskörner, 1/2 kg Kichererbsen, ein Stück Speck und gesalzene Schweinerippchen, ein paar Thymianzweigchen, 2 Lorbeerblätter, ein bisschen Safran, 2 Zwiebeln, eine Knoblauchzwiebel und etwa 4 Liter Wasser.

Den Mais etwa 10 Minuten einweichen, dann im Mörser stossen, damit er sich schält. Nun kommen die Körner auf eine flache Platte oder Tablett und man schüttelt den Mais an der Luft oder bläst darüber, um die Schalen zu entfernen. (Früher wurde, wenn man keinen Mörser besass, jedes Maiskorn einzeln geschält). Jetzt kommt der Mais in die vier Liter Wasser, wird etwas angekocht und bleibt bis zum nächsten Tag im Einweichwasser stehen, genauso wie die Kichererbsen und das gesalzene Fleisch, aber getrennt. Beim Garkochen den gstossene Knoblauch, die Kleingehackten Zwiebeln und die übrigen Zutaten beigeben.

GRÜNE BRÜHE MIT EIER

Zutaten:
Etwa 4 l Wasser, 1 oder 2 Eier pro Person, 1 kg zarte Bubangos (gurkenähnlicher grüner Kürbis), 1 kg mittelgrosse Kartoffeln, etwas Öl (am besten Olivenöl), ein paar Knoblauchzehen, eine Zwiebel, eine Tomate, etwas Petersilie, eine Süsspaprikaschote und Salz nach Geschmack.

Zuerst alles gut waschen, den Topf aufs Feuer setzen und alle Zutaten roh beigeben. Den Knoblauch hat man mit grobkörnigem Salz gestossen, die Bubangos, Tomate, Zwiebel und Paprikaschote nach Belieben kleingeschnitten, Kartoffeln kommen unzerkleinert hinzu, und Petersilie wird ebenfalls ungehackt obenauf gelegt.

Wenn alles gut gargekocht ist, ein oder zwei Eier in die Brühe einrühren. Die restlichen Eier aus der Schale schlagen und vorsichtig in den Topf gleiten lassen, damit sie nicht platzen. Dann Feuer ausmachen und das Ganze eine Weile ziehen lassen.

Diese Brühe, auch Eierbrühe genannt, wird je nach Gegenden auf verschiedene Weise zubereitet. Manche Leute geb etwas Milch hinzu oder würzen mit Gartenminze, Koriander oder Zwiebellauch ab.

In der Ortschaft Arafo (Teneriffa) gibt man geröstete Grieben oder Speckstückchen und ein wenig Weisswein bei.

«MACHO»-BRÜHE

Dieses Rezept, auch als «potaje macho» oder «puchero macho» bekannt, ist dem kanarischen puchero (Gemüseeintopf) ähnlich und gestattet, nach Geschmack und Belieben mit der Menge der Zutaten umzugehen.

Die Grundlagen sind: Grün- oder Weisskohl, zerstückelte Schweinsfüsse und Schweinerippchen oder Speck, Kichererbsen, Kartoffeln, Bataten (Süsskartoffeln), Kürbis, Pantana (eine Art weisser Kürbis), Maiskolben, eine Tomate, eine Zwiebel, Knoblauch, Safran und Kümmel.

Knoblauch zusammen mit dem Safran, den man vorher auf dem Kochtopfdeckel angewärmt hat, im Mörser gut stossen und mit den anderen Zutaten zum Kochen aufsetzen. Letztere hat man entsprechend zerkleinert, damit sie leicht gar werden.

Mit der Brühe, und evtl. mit etwas von dem Gemüse, macht man einen «escaldón» (Brei aus Gofio), der Rest wird in einer Schüssel serviert (Gemüse und Brühe) und mit dem Löffel gegessen.

MILCHBRÜHE

Zutaten:
1 kg Kartoffeln, 1 Liter Milch, 1/2 kg Pantana (weisser Kürbis) oder Bubango (gurkenähnlicher grüner Kürbis), 1/2 kg Bataten (Süsskartoffeln), Salz und Wasser.

Zutaten entsprechend vorbereiten, in den Kochtopf geben, mit Wasser bedecken und nach Geschmack salzen. Wenn alles gargekocht ist, Milch beimischen und kurz aufkochen lassen.

Man kann auch weniger Kartoffeln verwenden und dafür ein bisschen Reis beigeben.

KRESSEEINTOPF

Zutaten:
Ein Bündel Brunnen- oder Gartenkresse, eine halbe Packung weisse Bohnen, 300 g Schweinerippchen oder Speck, 2 zarte Maiskolben, 250 g Kürbis oder Bubango (gurkenähnlicher grüner Kürbis), 1 kg Kartoffeln, eine Zwiebel, eine Tomate, eine halbe Knoblauchzwiebel, etwas Öl (am besten Olivenöl), ein halber Teelöffel Zucker, Salz nach Geschmack oder kein Salz, falls die Rippchen sehr gesalzen sind, Safran und evtl. etwas Koriander.

Den Topf mit etwas Wasser aufs Feuer setzen, weisse Bohnen (vorher eingeweicht), Rippchen, Maiskolben und Kürbis hineintun.

Nach und nach die übrigen Zutaten beigeben, ausser Kresse, Kartoffeln und Koriander. Ein paar Knoblauchzehen zurückbehalten, die im Mörser gestossen und dem Ganzen beigegeben werden, wenn es halb gargekocht ist.

Kresse gut waschen und Stengel abschneiden. Die härtesten Teile werden nicht verwendet, aber der Rest kann durchpassiert und zusammen mit den geschälten und in Stücke geschnittenen Kartoffeln dem Eintopf beigegeben werden.

Nachdem man die Zwiebel und die anderen Zutaten, alles kleingeschnitten, beigefügt hat, kommt der gemörserte Knoblauch und etwas später die ebenfalls kleingeschnittene Kresse hinzu.

Zuletzt den Koriander und den halben Teelöffel Zucker untermischen. Nicht vergessen, kaltes Wasser nachzugiessen, um die weissen Bohnen «abzuschrecken».

Je nach Geschmack können die rohen Zutaten in der Pfanne vorgebraten werden. Statt weissen Bohnen kann man auch Kichererbsen oder grüne Bohnen verwenden.

Für einen Bubango-Eintopf braucht man nur die Kresse durch Bubangos zu ersetzen.

KÜRBISEINTOPF

Zutaten:
1 oder 2 kg Kürbis, 4 l Wasser, 250 g Bohnen, 4 zarte Maiskolben, eine Zwiebel, ein paar Knoblauchzehen, eine Tomate, etwas Speiseöl, eine Messerspitze roter gemahlener Paprika, Petersilie.

Kürbis schälen, Kerne entfernen, in kleine Stückchen schneiden und mit dem Wasser aufsetzen. Die ganzen oder halbierten Maiskolben und die bereits am Vortag eingeweichten Bohnen zusammen mit den übrigen Zutaten beigeben, ausser Petersilie und Knoblauch, was im Mörser gestossen wird und erst dann hinzukommt, wenn das Ganze halb gar ist.

LINSENEINTOPF

Zutaten:
1/2 kg Linsen, 1 kg Kartoffeln, eine Zwiebel, eine Tomate, eine halbe rote Paprikaschote, eine halbe Knoblauchzwiebel, eine Paprikawurst, ein Stück Speck oder Schweinerippchen, ein Schuss Öl, Petersilie, Kümmel, Safran, ein Lorbeerblatt, Salz nach Geschmack und 3 bis 4 l Wasser.

Zuerst die gewaschenen Linsen und den in Stückchen geschnittenen Speck aufs Feuer setzen. Die Kartoffeln kommen erst dann hinzu, wenn das Ganze schon eine Weile kocht.

Die restlichen Zutaten hat man gleich zu Anfang roh beigegeben: Knoblauch, Petersilie, Safran und Salz im Mörser gestossen, und das übrige kleingeschnitten, mit Ausnahme vom Lorbeerblatt.

Falls gewünscht, kann man alles zuerst etwas anrösten, bevor es in den Kochtopf kommt.

Linsen sollten zumindest einmal in der Woche auf den Tisch kommen, den sie enthalten viel Eisen.

LINSENGERICHT

Dieselben Zutaten wie für den Linseneintopf, mit Ausnahme von Fleisch und Kartoffeln, und nur die Hälfte der angegebenen Wassermenge.

Dagegen wird dieses Linsengericht mit hartgekochten, in Scheiben geschnittenen Eiern und gerösteten Brotwürfeln serviert.

KARTOFFELSUPPE

Zutaten:
1 kg Rind- oder Schweinefleisch oder je halb und halb, 4 l Wasser, 250 g Kichererbsen, eine Zwiebel, eine Paprikaschote, 10 Kartoffeln, eine Tomate, eine Knoblauchzwiebel, etwas Petersilie, frischer Thymian.

Im Mörser stossen: ein paar Knoblauchzehen, eine Messerspitze Muskat, ein wenig gemahlener roter Paprika, ein paar Körner schwarzer Pfeffer, Salz und ein Schuss Olivenöl; letzteres nur dann, wenn nicht alles Fleisch vom Schwein ist.

In einem geeigneten Kochtopf das Fleisch zusammen mit den übrigen Zutaten ausser Kichererbsen und Kartoffeln im Wasser zum Kochen bringen. Zuvor hat man alles kleingeschnitten, mit Ausnahme der Knoblauchzwiebel, die ganz bleibt und von der man nur die äussere Schale abgezogen hat.

Wenn das Fleisch beinah gar ist, gibt man das im Mörser Gestossene bei, sowie die vorher eingeweichten Kichererbsen und die Kartoffeln.

Beim Auftragen mit ein paar Blättchen Gartenminze aromatisieren.

PUCHERO
(Kanarischer Gemüseeintopf)

Zutaten:
1 kg Suppenfleisch, 250-500 g Schweinefleisch, ein mittelgrosser Kohl, 1 oder 2 Bubangos (gurkenähnlicher grüner Kürbis), 500 g Kürbis, 2 oder 4 Maiskolben, eine Chayote, 2 kg Kartoffeln, 1 kg Bataten, 250 g Kichererbsen, 250 g grüne Bohnen, ein Stück Paprikawurst, eine halbe Knoblauchzwiebel, etwas Safran, ein bisschen Kümmel, eine Zwiebel, eine Tomate, eine süsse Paprikaschote. (Man kann auch Möhren hinzugeben und eines der genannten Gemüse auslassen, falls es nicht zu bekommen ist).

Zuerst das Wasser (etwa 4 l) mit dem Suppenfleisch und dem mit Safran und Kümmel im Mörser gestossenen Knoblauch, sowie Zwiebel, Tomate und kleingeschnittene Paprikaschote zum Kochen bringen. Wenn das Fleisch halb gar ist, gibt man das Schweinefleisch bei und die übrigen, gut gewaschenen Zutaten. Ist der Bubango sehr zart, kommt er etwas später hinzu, aber immer ungeschält. Sollte das Wasser die Zutaten im Topf nicht ganz decken, darf nur heisses Wasser nachgegossen werden, denn sonst werden die seit dem Vortag eingeweichten Kichererbsen hart.

Wenn alles gargekocht ist, das Gemüse einschliesslich Kichererbsen und Fleisch mit dem Schaumlöffel aus dem Topf nehmen und auf einer Platte anordnen. Das Fleisch kann auch getrennt aufgetragen werden.

Mit der Brühe wird ein guter «escaldón» (Brei) aus Gofio zubereitet, den man mit einem Teil des Fleisches und einem «mojo» (Tunke) als Vorspeise isst. An zweiter Stelle kommt das mit Essig und Öl abgeschmeckte Gemüse und der Rest vom Fleisch.

Die übriggebliebene Brühe für den nächsten Tag wird im Norden von Teneriffa «tumbo» genannt. Mit dieser Brühe kann

Brotsuppe zubereitet werden, die man mit ein paar Blättchen Gartenminze aromatisiert.

Der «puchero» ist eines der gesündesten und nahrhaftesten Gerichte unserer Inseln. Und die Zubereitung ist sehr einfach. Ausserdem hat es den Vorteil, dass man nach Geschmack und Belieben mit den Zutaten umgehen kann.

SCHWARZE BOHNEN

Zutaten:
1/2 kg schwarze Bohnen, eine grosse Zwiebel, eine halbe Paprikaschote, ein Lorbeerblatt. Für den Mörser: eine halbe Knoblauchzwiebel, etwas Petersilie, Kümmel, eine Messerspitze Zucker und Salz nach Geschmack.

Diese Bohnen werden nicht vorgeweicht, denn dadurch würde ihr Nährwert verlorengehen.

Die Bohnen in einen Kochtopf tun und mit Wasser decken. Kleingeschnittene Zwiebel und Paprikaschote mit dem Lorbeerblatt anrösten und beigeben.

Dann die genannten Zutaten im Mörser stossen und unter die Bohnen mengen. Langsam kochen lassen. Nicht vergessen, sie hin und wieder mit Wasser abzuschrecken.

Gekochter Reis und gebratene Bananen sind die Beilagen zu diesem Gericht.

Dieses von der Insel La Gomera stammende Rezept ist sehr reich an Eiweiss. Wahrscheinlich ist das der Grund, weshalb kein Fleisch dazugehört.

VERLORENE PUFFBOHNEN

Traditionsgemäss waren die Puffbohnen schon immer ein wichtiger Bestandteil der Ernährung des kanarischen Volkes.

Frische zarte Puffbohnen für Gemüsesuppen, getrocknete und geröstete zur Herstellung von Gofio-Mehl, gemischt mit Weizen und Gerste, ebenso wie mit Lupine und einer bestimmten Erbsenart.

Die frischen Puffbohnen aus der Hülse streifen und in gesalzenem Wasser allein oder zusammen mit Kartoffeln und Bataten (Süsskartoffeln) kochen, um sie mit gezwiebelten Rühreiern zu essen: kleingehackte Zwiebel, Tomaten, Knoblauchzehen, etwas Safran, ein Lorbeerblatt und Salz in der Pfanne dünsten und zum Schluss gequirlte Eier unterrühren.

Auch pflegte man die Puffbohnen mit Grieben, gebratenem Speck oder roter Paprikawurst zu begleiten.

BAUERNKARTOFFELN

Ein einfaches und sehr populäres Rezept, das aus neuen Kartoffeln, Frischkäse, Koriandermojo und geknetetem Gofio besteht.

Gewaschene aber ungeschälte neue Kartoffeln werden im Salzwasser gekocht. Man bereitet einen Koriandermojo zu (siehe Rezept) und knetet eine kleine Menge Gofio, der trocken und locker sein soll. Das Wasser von den Kartoffeln abschütten, diese auf eine Platte tun und halbieren. Beim Essen werden diese Kartoffelstücke zuerst in den Mojo getaucht und dann in den Gofio (in getrennten Gefässen). Dazu reicht man ein Stück Frischkäse pro Person.

Früher benützte man keine Gabel dazu, denn der Gofio kann auch etwas fester geknetet werden, wozu man mehr Wasser beigibt, um kleine Kugeln zu formen. Diese Kugeln teilt man in mundgrosse Stückchen und drückt sie mit dem Daumen etwas ein. Diese Vertiefung füllt man mit Mojo aus dem Teller. Statt Käse können auch Grieben oder gebratener Speck dazu gegessen werden.

KARTOFFEL-EIER-GERICHT

Zutaten:
1 1/2 kg Kartoffeln, 1 Liter Wasser, 2 kanarische Paprikawürste oder ein etwa 10 cm langes Stück spanische Gewürzwurst, Olivenöl, etwas Petersilie, ein wenig geriebener Hartkäse, ein paar Blättchen Gartenminze, 4 hartgekochte Eier, Salz nach Geschmack, eine Zwiebel, ein paar Knoblauchzehen und ein Lorbeerblatt.

Die geschälten Kartoffeln in Scheiben schneiden, anrösten und schichtenweise abwechselnd mit den ebenfalls in Scheiben geschnittenen harten Eiern in einen Topf legen.

Die übrigen Zutaten kleinschneiden. Knoblauch und Petersilie stossen, alles zusammen anbraten und mit dem bereits vorgewärmten Wasser den Kartoffeln beigeben.

Ein paar Minuten dünsten lassen und dann vom Feuer nehmen.

KICHERERBSENGERICHT

Zutaten:
1/2 kg Kichererbsen, mehrere Stücke vom Schwein (Füsse, Rippchen oder Speck), 1 kg Kartoffeln, ein grosszügiges Stück Paprikawurst, 2 Zwiebeln, eine Tomate, eine Paprikaschote, die Hälfte einer kleinen Knoblauchzwiebel, Petersilie, gemahlener roter Pfeffer, Salz und ein Lorbeerblatt.

Kichererbsen mit den Schweinsfüssen, falls diese gesalzen sind, am Vortag einweichen. Einweichwasser abschütten. Kichererbsen mit Fleisch in ziemlich viel frischem Wasser zum Kochen ansetzen.

Die übrigen Zutaten in der Pfanne anrösten und beigeben.

Kartoffeln schälen, in kleine Stücke schneiden, in der Pfanne anbräunen und dann in den Topf geben, wenn die Kichererbsen beinah weich sind. Auf kleiner Flamme gut garen lassen.

Falls Wasser nachgefüllt werden muss, nicht vergessen, dieses zuerst zu erhitzen, damit die Kichererbsen nicht hart werden.

RANCHO CANARIO
(Eintopf)

Zutaten:
1/2 kg Schweinerippchen, 250 g Nudeln, 250 g Kichererbsen, 1-2 kg Kartoffeln, eine Zwiebel, eine Tomate, eine halbe Knoblauchzwiebel, ein Stück Paprikawurst, etwas Safran und Küchenkräuter.

Die Rippchen durch Einweichen entsalzen oder kurz vorkochen. Die geschälten und in Stücke geschnittenen Kartoffeln, Rippchen und Kichererbsen mit doppelt soviel Wasser aufs Feuer setzen, wie notwendig ist, um das Ganze zu decken, damit zum Schluss, wenn alles beinah gar ist, die Nudeln mitgekocht werden können.

Die übrigen Zutaten und die in Scheiben geschnittene Wurst in der Pfanne anbraten und gleich zu Beginn in den Topf geben.

(Statt Schweinernes kann auch Huhn verwendet werden).

ESCACHON (ESCACHO) AUS GOFIO

Zutaten:
1 kg Gofio, 1 kg Kartoffeln, eine rote Paprikaschote, 3 oder 4 Knoblauchzehen, etwas Speiseöl, Salz und Grieben.

Kartoffeln im Salzwasser kochen und mit der Gabel zerdrücken.

Knoblauch und Paprika im Mörser stossen und zusammen mit dem Öl unter die zerdrückten Kartoffeln mischen.

Speck in kleine Stücke schneiden und ausbraten, bis fast alles Fett ausgelaufen ist.

Alles mengen und nach und nach den Gofio beigeben. Kneten bis eine ziemlich feste Masse entsteht, die man zu einer brotförmigen Kugel formt.

Auf einer Platte in Stücke schneiden und nach Wunsch mit Sosse oder «Mojo» servieren. Sehr geeignet als Beilage zu Fisch oder Fleisch mit Kartoffeln oder Süsskartoffeln.

REIS MIT SCHWEINEFLEISCH

Zutaten:
2 Glas Reis, knapp 4 Glas Wasser, eine Zwiebel, eine Tomate, eine halbe Knoblauchzwiebel, ein Lorbeerblatt, eine süsse Paprikaschote, reichlich einheimischer Safran, etwas roter gemahlener Paprika, ein paar Oliven, Kümmel, ein Schuss Weisswein, ein grösseres Stück Speck und ungesalzene Schweinerippchen.

Die Rippchen voneinander trennen, den Speck in kleine Stücke schneiden und leicht ausbraten. In dem ausgelassenen Fett oder in Öl die zerkleinerten Zutaten (ausser Oliven und etwas von der Paprikaschote) in der Pfanne anbraten und in einem Topf (nicht aus Aluminium) mit Reis und Fleisch mischen.

Wenn es beinah gar ist, mit Oliven und Paprikastreifen verzieren.

Das ist ein gutes altes Rezept unserer Inseln.

ESCALDON (GOFIO-BREI) NACH ALTEM BRAUCH

Zutaten:
250 g gesalzener durchwachsener Speck, 2 Esslöffel Schweineschmalz, eine Knoblauchzwiebel, etwas scharfer Paprika, ein paar Blättchen Gartenminze, ein Liter Wasser.

In einem feuerfesten irdenen Topf den gehackten Knoblauch, den kleingeschnittenen Speck und das Schweineschmalz anbräunen. Dann das Wasser beigeben, den Speck weichkochen lassen und Paprika und Gartenminze hinzufügen. Zuletzt den Gofio einrühren bis man einen Brei erhält, der weder zu weich noch zu fest sein soll.

Diese Speise wird direkt aus dem irdenen Topf gegessen und mit einem guten Wein begleitet.

Das Rezept stammt aus La Laguna (Tenerife) und eignet sich besonders für einen aussergewöhnlich kalten Tag.

Auf der Insel El Hierro, und zwar in San Andrés, einer ziemlich kalten Gegend, bereitet man diese Speise auf ähnliche Art zu, wird aber mit Trockenfeigen zum Frühstück gegessen.

Am gebräuchlichsten ist es, den Gofio mit Gemüse– und Fleischbrühe oder auch mit Fischbrühe anzurühren, wozu man ein typisches Tongefäss verwendet, das "lebrillo" heisst und dessen oberer Teil breiter ist als der Boden.

"ALTE WÄSCHE"

Zutaten:
2 kg Rindfleisch mit Knochen, 500 g Kichererbsen, 2 Zwiebeln, 2 Tomaten, ein paar Zweigchen Thymian, ein halber Esslöffel Zucker, eine Knoblauchzwiebel, ein Teelöffel roter gemahlener Paprika, ein Lorbeerblatt, ein Glas Weisswein, grobes Salz nach Geschmack und etwas Öl.

Kichererbsen am Vorabend einweichen, das Wasser wechseln und die Erbsen allein oder mit dem in Stücke geschnittenen Fleisch weichkochen. Die Kochbrühe kann zur Zubereitung einer Suppe verwendet werden. Die garen Kichererbsen in einer Pfanne leicht anrösten und die übrigen Zutaten ebenfalls anbraten, alles zusammen wieder in den Kochtopf geben mit einer kleinen Menge von der Brühe, in welcher man Kichererbsen und Fleisch gesiedet hat. Ein paar Minuten durchziehen lassen und fertig zum Servieren.

GEFÜLLTER BUBANGO

(hellgrüne Kürbisart, der Zucchini ähnlich)

Zutaten:
1 kg zarte Bubangos, 500 g Rindfleisch, 100 g Speck, ein Glas Öl, ein halbes Glas Weisswein, eine Paprikaschote, eine Knoblauchzwiebel, eine Zwiebel, Kümmel, Safran, Grobsalz, 2 Esslöffel Brotbrösel, ein Lorbeerblatt, ein paar Oliven und etwas Petersilie.

Zwiebel, Paprikaschote und Petersilie kleinhacken; Knoblauch, Kümmel und Salz im Mörser stossen und zusammen mit den übrigen Zutaten anbraten, ausser Fleisch, Wein und den Brotbrösel, was zum Schluss hinzukommt, um das Ganze fertigzubraten oder in einem Topf schmoren zu lassen, der nicht aus Aluminium sein soll.

Die Bubangos brauchen nicht geschält zu werden, ausser wenn sie nicht zart genug sein sollten. Sie werden der Länge nach halbiert, mit der Fleischmischung gefüllt und bleiben so lange in der Bratröhre, bis sie weich sind. Man kann sie auch in einem Topf dünsten, mit etwas Sosse und ein wenig Wasser, das den Boden deckt. Auch können die Bubangos vorgekocht und erst dann gefüllt werden.

Diese Füllung eignet sich auch für Chayoten (vorher schälen) oder für Paprikaschoten.

KARTOFFELOMELETT

Zutaten:
250 g Kartoffeln, 2 Eier, eine halbe Zwiebel, eine Knoblauchzehe, etwas Petersilie, ein Stückchen Paprikawurst, eine halbe süsse Paprikaschote, Salz und Speiseöl.

Kartoffeln in kleine Stückchen schneiden und in der Pfanne braten. Sobald sie etwas glasig werden, die übrigen kleingeschnittenen Zutaten beigeben. Darauf achten, dass die Kartoffeln nicht zu stark rösten, denn sonst werden sie hart und trocken.

Das Ganze in ein nicht zu flaches Gefäss tun, die gequirlten Eier beigeben und gut umrühren. Dann kommt alles wieder in die Pfanne mit wenig Öl. Mit einem Holzlöffel vorsichtig das flüssige Ei verteilen, damit es langsam dickt. Sobald das Omelett auf der einen Seite angebacken ist, mit Hilfe von einem Teller umkippen und auf der anderen Seite weiterbacken lassen. Rechtzeitig vom Feuer nehmen, damit das Omelett nicht zu trocken wird.

Als Beilage grüner Salat mit Tomaten und Avocados.

GLASIERTE KARTOFFELN

Die gewünschte Menge Kartoffeln kochen. Wasser abschütten. Geriebener Hartkäse und etwas pikanten oder süsen «Mojo» darübergeben. Es kann auch Koriandermojo sein.

Abwandlung: Einige kleingehackte Mandeln mit ein paar Knoblauchzehen rösten und über die Kartoffeln streuen.

KANARISCHE RUNZELKARTOFFELN IN DER SCHALE

Kleine oder mittelgrosse Kartoffeln waschen und in einen Kochtopf tun. Mit Wasser decken und salzen. Die Salzmenge sollte ein Viertel vom Gewicht der Kartoffeln ausmachen, aber es genügt auch mit bedeutend weniger.

Manche Leute geben zusammen mit dem Salz nur so viel Wasser in den Topf, dass es den Boden deckt, und lassen die Kartoffeln, sobald sie den Siedepunkt erreicht haben, langsam weiterkochen. Andere decken den Kochtopfboden mit wenig Wasser und bestreuen die Kartoffeln mit reichlich Salz, was meines Erachtens gesundheitsschädlich ist.

Ich empfehle, die Kartoffeln mit Wasser bedeckt kochen zu lassen, und je weniger Salz, um so besser. Wenn sie gar sind, 20-30 Minuten auf kleiner Flamme lassen, damit sich die Schale runzelt.

YAMSWURZEL (Wasserbrotwurzel)

Wurzel gut waschen und ganz oder in grossen Stücken kochen. Auf den Topfboden ein Gitter legen, damit die Wurzel nicht anbrennt. Mit Wasser decken und den Deckel mit einem Tuch abdichten, damit der Dampf nicht entweicht.

Die einzigen Zutaten sind Salz und Wasser. Letzteres muss nachgefüllt werden, denn das Kochen dauert mehrere Stunden.

Wenn die Wurzel weich ist, Wasser abschütten und abkühlen lassen. Kann aber auch warm gegessen werden, wozu man sie in Scheiben schneidet und mit Honig beträufelt. Dient auch als Beilage zu gesalzenem Fisch mit Paprikamojo.

WITWENKARTOFFELN

Zutaten:
2 kg Kartoffeln, 2 Zwiebeln, 2 Tomaten, eine halbe Knoblauchzwiebel, etwas gemahlener roter Paprika, eine süsse Paprikaschote, ein paar Zweigchen Petersilie, Kümmel, Salz, ein wenig Weisswein und ein Gläschen Öl.

Die Kartoffeln schälen und in Würfel oder Scheiben schneiden. Getrennt werden die restlichen Zutaten mit Ausnahme vom Weisswein gebraten. In einen Topf gibt man schichtweise die zerkleinerten Kartoffeln und das Bratgemisch, und zuletzt den Wein und ein Glas Wasser. Langsam auf kleiner Flamme garen lassen.

Zu diesem Rezept gehören weder Eier noch Fleisch; sein Name erklärt es.

ROTER MOJO

nach Art der Insel Fuerteventura

Zutaten:
Eine Knoblauchzwiebel, Kümmel, grobes Salz, eine pikante Pfefferschote, 10 Zwergtomaten oder 3 kleine Tomaten, ein Tässchen Öl, ein halbes Tässchen Essig, ein halbes Tässchen Wasser.

Tomaten anbraten und zusammen mit Knoblauch, Kümmel, Salz und Pfefferschote im Mörser stossen, dann die flüssigen Zutaten beimischen.

Diese Tunke wurde auf Fuerteventura besonders für Kaninchen und gesalzenen Fisch verwendet.

KÄSETUNKE (Mojo)

Zutaten:
Kanarischer Hartkäse, Petersilie, ein paar Knoblauchzehen, Kümmel, Salz, Speiseöl und Wasser.

Den Käse in etwa 1 cm dicke Scheiben schneiden und in Öl anbraten.

Im Mörser die übrigen Zutaten stossen und in wenig Wasser mit dem angebratenen Käse und dem Öl etwa 5 Minuten garen lassen. Ist der Käse etwas weich, zuerst nur ein paar Scheiben beigeben und den Rest zum Schluss hinzufügen.

Das ist eine gute Tunke zu Süsskartoffeln und Gofio.

MANDELTUNKE (Mojo)

Zutaten:
100 g Mandeln, eine scharfe oder milde Pfefferschote, 2 oder 3 Knoblauchzehen, etwas Kümmel, ein Teelöffel roter gemahlener Paprika, 2 oder 3 Stückchen geröstetes Brot, etwas weniger als ein halbes Glas Speiseöl, ein Schuss Essig und Salz.

Die Zutaten können gemahlen, verrührt oder im Mörser gestossen werden. Die Mandeln vor dem Mahlen leicht anrösten. Alles kann zusammen vermengt werden, Essig und Öl kommen zuletzt dazu.

GESIEDETE TUNKE (Mojo)

Zutaten:
Eine Paprikaschote, 2 oder 3 Knoblauchzehen, ein halber Teelöffel Kümmel, ein halber Teelöffel roter gemahlener Paprika, eine Zitronenschale, eine kleine Stange Zimt, ein Lorbeerblatt, etwas Petersilie, ein kleines Tässchen Speiseöl und ein halbes Tässchen Essig, 2 kleine Scheiben trockenes Brot, Salz nach Geschmack und 1/4 l Wasser.

Ausser Petersilie, Lorbeer, Zimt und Zitrone alles im Mörser stossen, Petersilie kleinhacken. Alle Zutaten mischen und durch die Pfanne ziehen. Das Wasser zuletzt beigeben und das Ganze etwa 10 Minuten kochen lassen.

ALMOGROTE (Mojo von La Gomera)

Zutaten:
1 kg Hartkäse, 200 g Butter oder dieselbe Menge Speiseöl, eine grosse pikante Pfefferschote, 2 oder 3 Knoblauchzehen.

Käse reiben, Pfefferschote und Knoblauch stossen. Während dem Stossen unter Umrühren nach und nach Käse und Butter oder Öl untermischen. Weiterrühren bis man eine breiartige Masse erhält.

Manchmal wird auch eine Tomate beigegeben, ist aber normalerweise nicht üblich.

PIKANTER MOJO (Roter Mojo)

Zutaten:
15 getrocknete scharfe kanarische Pfefferschoten, 2 Knoblauchzwiebeln, 2 Esslöffel Salz, ein Teelöffel Kümmel, etwa 1/2 l Speiseöl und ebensoviel Essig, ein Esslöffel gemahlener roter Paprika.

Pfefferschoten von Stiel und Kernen befreien, in kleine Stückchen schneiden, zusammen mit den übrigen Zutaten mahlen oder stossen. Zuerst den Essig beigeben und dann das Öl. Alles gut vermengen. Die Ölmenge darf die des Essigs nicht übertreffen, damit sich die Tunke lange Zeit in einem gut verschlossenen Glasgefäss hält. Da durch diese Zubereitungsweise die Tunke stark konzentriert ist, kann die jeweils zum Gebrauch bestimmte Menge durch Öl verdünnt werden.

Kühl aufbewahren und nicht der Sonne aussetzen.

SÜSSER ROTER MOJO

Dafür werden süsse Pfefferschoten verwendet, die ähnlicher Charakteristik sind. Die Zubereitungsweise und die übrigen Zutaten sind dieselben wie beim pikanten Mojo, ausser dass nur eine einzige scharfe Pfefferschote beigegeben wird.

MOJO AUS GRÜNEM PFEFFER

Ein Liter.

Die gleiche Herstellungsweise und dieselben Zutaten, nach Belieben scharf oder süss. Kann ebenfalls gut verschlossen in einer Flasche oder einem Glasgefäss aufbewahrt werden. Wenn es aber erst einmal geöffnet ist, soll der Mojo so bald wie möglich verbraucht werden. Hält höchstens ein Monat. Am besten in den Kühlschrank stellen.

KORIANDERMOJO

Falls der Mojo zum Aufbewahren bestimmt ist, verfährt man genauso wie beim vorstehenden Rezept. Statt den Pfefferschoten werden etwa vier Sträusschen Koriander verwendet. Für 1/4 l nimmt man nur ein Sträusschen Koriander und den vierten Teil der Zutaten.

Kann nach Belieben verdünnt werden, entweder mit Öl oder mit ein wenig Wasser.

GEZWIEBELTES AUS ARAFO
(Typisch für die Ortschaft Arafo)

Zutaten:
1/2 kg Speck (oder etwas weniger), 2 Zwiebeln, 3 Tomaten, eine Schote Süsspaprika (auch roter Paprika genannt), eine Knoblauchzwiebel, ein Lorbeerblatt, Thymian, Majoran, ein Teelöffel Mehl, genügend Öl zum Braten und ein Schuss Essig oder Weisswein.

Den Speck in kleine Stückchen schneiden und in der Pfanne braten. Zwiebeln, Tomaten und Paprikaschote in dünne Scheiben schneiden. Die übrigen Zutaten ausser Lorbeer im Mörser stossen und alles zusammen anschmoren. Zum Schluss die Grieben beigeben. Während dem Schmoren salzen.

Schmackhaft als Beilage zu geknetetem Gofio, Brot oder Süsskartoffeln zusammen mit einem guten Wein.

Für einfaches Gezwiebeltes werden dieselben Zutaten wie vorstehend verwendet, aber ohne Speck und Mehl.

Für Gezwiebeltes mit Ei dieselben Zutaten (ohne Speck) kleinschneiden, zum Schluss die Eier einrühren. Auch kann ein Stückchen Paprikawurst beigeben werden.

SCHMALZ-MOJO

Zutaten:
Ein Esslöffel Schweineschmalz, 2-3 Knoblauchzehen, eine Prise gemahlener Pfeffer, ein wenig Grobsalz und nach Belieben etwas Kümmel.

Knoblauch, Salz und Kümmel im Mörser stossen und mit den übrigen Zutaten vermengen.

Dieses von der Insel La Palma stammende Rezept pflegte man zu gebratenen Kartoffeln und Süsskartoffeln zu verwenden.

BECHAMELSOSSE

Zutaten:
1 Liter Milch, eine Zwiebel, ein Tässchen Speiseöl, etwas Mehl (3 oder 4 Esslöffel), ein wenig Muskat und Salz.

Zwiebel kleinhacken, im Öl etwas anbräunen lassen. Mehl und die milch beigeben und rühren bis die Sosse dickt. Muskat und Salz nach Geschmack.

Diese Sosse wird zu gespicktem Fleisch, Hackfleisch klösschen oder Kroketten serviert.

GESALZENER SPECK MIT RÖSTKARTOFFELN

Den Speck abwaschen um das Salz zu entfernen und auf dem Grill, in der Bratröhre oder auch auf einer offenen Feuerstelle braten. Dasselbe tut man mit den mittelgrossen ungeschälten Kartoffeln, und zwar gleichzeitig mit dem Speck. Dieses Bauernrezept begleitet man mit Wein und einem Schmalz-Mojo (siehe Rezept). Statt Kartoffeln können auch Bataten (Süsskartoffeln) verwendet werden oder beides zusammen.

CARAJACA

Zutaten:
Leber, Knoblauch, roter Pfeffer, Öl, Essig, Wein, Majoran, gemahlener roter Paprika, Lorbeer, Thymian, Wasser und Salz.

Bei diesem, für das Dorf Agaete und für ganz Gran Canaria typischen Rezept wird die Menge der Zutaten nicht angegeben, denn diese können auf den individuellen Geschmack abgestimmt werden.

Die Leber in kleine Stückchen schneiden und mit etwas Öl und Knoblauch anschmoren. Den roten Pfeffer, ziemlich viel Knoblauch, Majoran und gemahlenen Paprika im Mörser stossen und zusammen mit den übrigen Zutaten der Leber beigeben.

Die Leber mit Wein und etwas Wasser decken. Auf kleiner Flamme garen lassen, wodurch das Gericht schmackhafter wird.

SCHWEINSKEULE IN DER BRATRÖHRE

Es ist nicht notwendig, die Schwarte zu entfernen; man schneidet sie ringsum ein, bestreicht die Schweinskeule nach Wunsch mit Gemörsertem aus Knoblauch, Salz, Petersilie und Pfeffer, oder es wird nur mit Salz eingerieben. Langsam durchbraten lassen bis es beim Einstechen kein Blut mehr von sich gibt.

Für gegrilltes Schweinefleisch bereitet man eine Pökellake aus Öl, Essig, Weisswein, Knoblauch, Petersilie, Salz, Kümmel, schwarzem Pfeffer, Lorbeer und Majoran; alles zusammen im Mörser gestossen, um damit das Fleisch ein paar Stunden vor dem Grillen oder schon am Vortag zu befeuchten.

MILCHFLEISCH

Zutaten:
1 kg Rindfleisch ohne Knochen, eine Zwiebel, eine Tomate, eine Knoblauchzwiebel, etwas Thymian, ein Lorbeerblatt, ein wenig Safran, eine Gewürznelke, 1/2 l Milch, ein paar gemahlene Mandeln und Salz nach Geschmack.

Fleisch und alle anderen Zutaten unzerkleinert mit Wasser bedeckt zum Kochen aufsetzen. Sobald das Fleisch gar ist, Frischmilch oder angerührte Trockenmilch beigeben. Aufpassen dass es nicht anbrennt, denn man muss abwarten, bis die Sosse dick wird. Ab und zu umrühren.

Zu diesem schmackhaften Fleischgericht kann Gemüse, Kartoffeln, Brot, usw. gegessen werden.

GESPICKTES «SCHWESTERNFLEISCH»

Zutaten:
2 kg Rindfleisch ohne Knochen, 250 g Speck, 3 Knoblauchzwiebeln, ein paar schwarze Pfefferkörner, Salz, ein Lorbeerblatt, 1/4 l Speiseöl und etwas Weisswein, um das Fleisch zu decken.

Fleisch in Stücke schneiden, Knoblauchzwiebel abziehen aber nicht auseinandernehmen, Pfefferkörner stossen.

Alles in den Kochtopf geben und mit Weisswein decken.

Falls notwendig, kann beinah zum Schluss noch etwas Wein hinzugefügt werden, aber niemals Wasser.

In der Gegend von Agaete war das ein spezielles Rezept für Feiertage.

Auf Teneriffa wird es auf ähnliche Weise zubereitet, aber man gibt ausser den genannten Zutaten noch ganze Tomaten und Zwiebeln bei.

GESPICKTES FLEISCH "GUAYARMINA"

Zutaten:
2 kg Rindfleisch am Stück, 100 g Speck, 250 g Kastanien, 2 hartgekochte Eier, 2 Päckchen schwarzer Pfeffer, eine Knoblauch zwiebel, 50g roher Schinken, 2-3 Möhren, eine grüne Paprikaschote.

Für die Sosse: 2 Knoblauchzwiebeln, eine grosse Zwiebel, etwas Thymian, ein Lorbeerblatt, ein Päckchen gemahlener roter Paprika, 2 Päckchen schwarzer Pfeffer, Salz nach Geschmack, und Öl und Weisswein, um das Fleisch zu decken (mehr Wein als Öl).

Mit einem Messer das Fleisch der Länge nach von einem Ende zum andern durchbohren und die Öffnung mit den an erster Stelle genannten Zutaten füllen: die rohen Kastanien, die in Stücke geschnittenen Möhren, die halbierten Eier, die ganzen Knoblauchlauchzehen, und Speck und Schinken in Stückchen oder Streifen. Alles abwechselnd nach und nach in die Fleischhöhlung stopfen (darauf achten, dass sie ganz ausgefüllt ist), mit einem Bindfaden das Fleischstück fest umwickeln und die beiden Enden gut zusammenbinden.

Nun kommt das Fleisch in ein Gefäss mit Deckel und man gibt die restlichen Zutaten bei (Knoblauchzwiebeln nicht auseinandernehmen). Langsam schmoren lassen und beim Auftischen in Scheiben schneiden. Dazu gibt man gewürfelte Röstkartoffeln.

Dieses schmackhafte Gericht ist besonders geeignet für die Weihnachtstage.

Eine andere Art und Weise, das Fleischstück zu spicken, besteht darin, es von einem Ende zum andern mit Speckstreifen zu durchziehen, die man vorher in ein gemörsertes Gemisch aus Knoblauch, Salz, Petersilie, schwarzem Pfeffer und rotem gemahlenem Paprika getaucht hat. Zum Schmoren oder Braten werden dieselben oben angeführten Zutaten verwendet.

RIPPCHEN MIT KARTOFFELN

Die gesalzenen Schweinerippchen können zuerst in Wasser entsalzet oder leicht vorgekocht werden. Das Wasser wird abgeschüttet.

In reichlich frischem Wasser etwa 20 Minuten kochen lassen, die geschälten Kartoffeln beigeben und nach Wunsch zwei unzerkleinerte Knoblauchzehen. Wenn es gar ist, das Wasser abgiessen.

Das Schmackhafte an diesen Rippchen ist, dass sie etwas herb gesalzen sind.

Dazu gibt man einen Mojo aus Koriander, Petersilie oder grünem Pfeffer.

KANINCHEN IN PFEFFERSOSSE

Zutaten:

Das Fleisch von einem mittelgrossen Kaninchen, eine Knoblauchzwiebel, ein Teelöffel roter gemahlener Paprika, etwas Majoran, ein Tässchen Öl, ein Tässchen Essig, Salz nach Geschmack. Diese Zutaten sind zum Pökeln. Um es fertig zuzubereiten braucht man: ein Tässchen pikanter oder süsser Mojo (je nach Geschmack), ein Gläschen Weisswein, ein Lorbeerblatt, etwas Thymian und Safran.

Die zuerst genannten Zutaten zum Pökeln gut im Mörser stossen, mit dem in nicht zu grosse Stücke geschnittenen Kaninchenfleisch mischen und zwei bis vierundzwanzig Stunden (je nach Bedarf und Belieben) ruhen lassen. Dann das Fleisch etwas anbraten, in einen Kochtopf geben, die übrigen Zutaten beifügen, mit Wasser decken und etwa dreissig Minuten auf dem Feuer lassen.

Für Gerichte, die Essig enthalten, niemals Aluminiumtöpfe verwenden.

KANINCHEN IN WEINSOSSE

Zutaten:
Ein mittelgrosses Kaninchen, eine grosse Zwiebel, eine Tomate, ein Glas Öl, eine Knoblauchzwiebel, ein paar Stengel Majoran, zwei Lorbeerblätter, ein Zweigchen Thymian, etwas Petersilie, Salz nach Geschmack und Weisswein.

Kaninchenfleisch in nicht zu grosse Stücke schneiden und zusammen mit allen übrigen, nicht zerkleinerten Zutaten (ausser dem Öl) in einen Kochtopf tun (kein Aluminium). Knoblauchzwiebel abziehen, Zwiebel kreuzförmig einschneiden aber nicht teilen.

Mit Weisswein decken und langsam garen lassen. Dann das Öl in eine Pfanne geben und das Fleisch anbräunen.

Die übrigen Zutaten aus dem Topf nehmen, mit dem Kartoffelstampfer oder einer Gabel zerdrücken und zusammen mit dem Fleisch kurz braten lassen.

Falls man eine etwas dicke Sosse dazu wünscht, einen Teil der Flüssigkeit aus dem Topf abgiessen, den Inhalt der Pfanne in den Topf geben und das Fleisch ein paar Minuten darin ziehen lassen.

KANINCHEN IN «SALMOREJO»

Zutaten:
Ein Kaninchen von etwa 1 kg, eine Knoblauchzwiebel, grobkörniges Salz nach Geschmack, ein Teelöffel Kümmel, 2 oder 3 Majoranblüten, ein Lorbeerblatt, 2 oder 3 Petersilienzweigchen, ein kleines Glas Weisswein, nach Belieben ein Schuss Essig, ein kleines Glas Öl, ein paar Gramm schwarzer Pfeffer und ein Zweigchen Thymian.

Kaninchen in Stücke zerkleinern. Knoblauch abziehen und mit den übrigen Zutaten (ausser Lorbeer, Thymian, Öl, Wein und Essig) im Mörser stossen. Dann Wein, Essig und Öl beigeben und alles zusammen einschliesslich Lorbeer und Thymian vermengen.

Das Kaninchenfleisch am Vortag in diese Pökelsosse legen. Kein Aluminiumgefäss dazu verwenden.

Am folgenden Tag das Fleisch langsam braten und mit gekochten oder kanarischen Runzelkartoffeln servieren. Kann auch zu Brot gegessen werden. Dazu gibt man ein Gläschen guten Wein.

ZICKLEIN IN «SALMOREJO»

Die gleichen Zutaten und dieselbe Zubereitungsweise wie beim Kaninchen, nur dass das Ziegenfleisch vor dem Braten einige Minuten lang gekocht wird. ein wenig Wasser hinzugeben.

Vor dem Kochen etwas von der Pökelsosse zurückbehalten, um sie hinterher dem Fleisch beizugeben und dieses braten.

FLEISCH MIT KARTOFFELN

Zutaten:
1 kg Rindfleisch, 1 kg Kartoffeln oder mehr, Wasser, ein Gläschen Öl, 2 Zwiebeln, eine halbe Knoblauchzwiebel, eine rote Paprikaschote, ein Glas Weisswein, 1 oder 2 Lorbeerblätter, etwas roter gemahlener Paprika, Safran und Salz.

Das Fleisch in kleine Würfel schneiden und mit dem Öl, dem gestossenen Knoblauch und den übrigen Zutaten (ausser Kartoffeln und Wein) im selben Topf anbraten, in welchem man es hinterher schmort. Dann den Wein und genügend Wasser beigeben, damit die Flüssigkeit das Fleisch deckt.

Unterdessen die Kartoffeln schälen; sind sie klein, lässt man sie ganz, andernfalls in Würfel schneiden.

In der Pfanne die Kartoffeln nach Belieben an- oder ganz durchbraten und unter das Fleisch mengen, wenn dieses beinah gar ist. Feuer ausmachen und eine Weile ziehen lassen.

HUHNGERICHT

Zutaten:
1/2 kg Hühnerfleisch, 2 Zwiebeln, 2 Tomaten, eine Paprikaschote, eine halbe Knoblauchzwiebel, etwas Petersilie, eine Messerspitze gemahlener Kümmel, ein Glas Weisswein, ein Glas Öl, ein Glas Wasser, ein Lorbeerblatt, Thymian, etwas Mehl und Salz nach Geschmack.

Das Hühnerfleisch in Stückchen schneiden, im Mehl wenden und in der Pfanne leicht anbräunen. Dann das Fleisch in den Topf geben, in dem es gegart werden soll. Die restlichen, bereits kleingehackten oder im Mörser gestossenen Zutaten in der Pfanne anbraten.

Alles dem Hühnerfleisch beigeben und auf kleiner Flamme schmoren lassen, damit es nicht anbrennt.

ZICKLEIN IN SOSSE

Zutaten:
Zum Pökeln: Eine Knoblauchzwiebel, eine pikante Paprikaschote, ein Glas Weisswein, etwas Majoran, ein Lorbeerblatt, ein wenig Thymian und Salz.
Zum Schmoren: Eine Knoblauchzwiebel, ein Teelöffel gemahlener roter Paprika, eine Messerspitze Muskat, etwas schwarzer Pfeffer, ein paar Brotscheiben, etwas Öl, Weisswein (genügend, um das Fleisch zu decken).

Ziegenfleisch in Stücke schneiden und ein paar Stunden oder schon seit dem Vortag in der Pökelsosse lassen.

In der Pfanne etwas anbräunen und dann in den Topf geben, in dem es geschmort werden soll. Geschälter Knoblauch und geröstete Brotscheiben stossen und dem Fleisch mit den übrigen Zutaten beigeben.

Selbstverständlich kann man einige der Zutaten durch andere ersetzen oder mit deren Menge nach Belieben verfahren.

Das ist auch ein gutes Rezept für «Kaninchen in Sosse», wozu man statt Ziegenfleisch Kaninchen verwendet.

ZICKLEIN IM BRATOFEN

Zutaten:
Ein Zicklein, 2 Knoblauchzwiebeln, ein Sträusschen Petersilie, ein Glas Öl, ein halbes Glas Weisswein, Salz.

Knoblauch, Petersilie und Salz im Mörser stossen und mit den übrigen Zutaten dem kleingeschnittenen Ziegenfleisch beigeben.

Das Fleisch in ein geeignetes (auch irdenes) Gefäss tun, mit auf der Aussenseite geölter Alufolie abdecken, und bei mässiger Hitze 20 bis 30 Minuten in der Röhre braten. Dann die Alufolie abnehmen und das Fleisch noch ein paar Minuten in der Röhre lassen, damit es bräunt.

ZIEGENFLEISCH IN SOSSE

Zutaten:
2 kg Ziegenfleisch, eine süsse Paprikaschote, 3 Knoblauchzwiebeln, 4 kleine Zwiebeln, etwas Petersilie, Thymian, 2 Lorbeerblätter, eine Messerspitze Muskat, 2 pikante Pfefferschoten, ein Esslöffel gemahlener roter Paprika, Salz, Weisswein zum Decken des Fleisches und etwas Öl.

Fleisch in kleine Stücke schneiden, alles Fett entfernen und ein paar Minuten im Topf vorkochen. Wasser abgiessen, falls gewünscht das Fleisch etwas anbraten und die übrigen Zutaten direkt in den Topf tun. Ein Teil davon kann auch angeröstet werden.

Knoblauch und Zwiebeln ganz beigeben. Falls letztere sehr gross sind, etwas weniger davon verwenden und in Stücke schneiden.

Sollte die Flüssigkeit sehr abnehmen bevor das Fleisch gar ist, kochendes Wasser nachgiessen, aber keinen Wein mehr beigeben, denn sonst wird das Fleisch sauer.

GRIEBEN

Je nach der Menge kann man dazu ein Kupfergefäss, einen Röster oder eine Pfanne verwenden.

Den Speck in kleine Stückchen schneiden und nach Belieben mit oder ohne Schwarte aufs Feuer setzen. Salz beigeben, falls es sich um ungesalzenen Speck handelt. Nach und nach das Fett abgiessen bis die Grieben trocken und knusprig sind.

Auf der Insel La Palma pflegt man die Grieben mit Gofio zu mischen, falls man sie zum Wein «picken» möchte. Sonst werden sie so gegessen, wie sie aus der Pfanne kommen, als Beilage zu geknetetem Gofio oder zu Kartoffeln oder Süsskartoffeln.

Zu warmen Grieben nichts anderes als Wein trinken, und wenn sie durstig machen, mehr Wein. Kalte Getränke könnten eine schlechte Erinnerung hinterlassen.

KASTANIEN MIT GRIEBEN

Kastanien rösten und schälen. Vor dem Rösten etwas einschneiden, damit sie nicht platzen.

Speck oder Griebenfleisch in kleine Stücke schneiden und solange braten, bis alles Fett ausgelaufen ist.

Dann die Kastanien zusammen mit den Grieben in der Pfanne wenden. Ein Gläschen Wein dazu trinken, aber niemals Wasser.

«OHRFEIGEN» IM SCHMORTOPF

Zutaten:
1 kg gesalzener Fisch in Stücken (was «Ohrfeigen» heisst), 2 grosse Zwiebeln, 2 Tomaten, 1 kg Kartoffeln, 250 g Kichererbsen, eine süsse Pfefferschote, eine Knoblauchzwiebel, ein Lorbeerblatt, etwas Weisswein, Kümmel, Petersilie, Öl und Wasser.

Fisch und Kichererbsen am Vortag einweichen und etwa zweimal das Wasser wechseln. In frischem Wasser zum Kochen ansetzen. Die Wassermenge soll das Ganze decken. Alle Zutaten zusammen und roh beigeben.

Keine Aluminiumgefässe verwenden.

SCHWEINEGEKRÖSE

Zutaten:
2 kg Gekröse (Leber, Lunge, Herz und Nieren), 500 g durchwachsener Speck, 3 Zwiebeln, 2 grosse Tomaten, eine Knoblauchzwiebel, etwas roter gemahlener Paprika, Kümmel, ein paar Majoranblüten, ein paar Thymianzweigchen, Lorbeerblätter, ein Glas Weisswein, eine getrocknete Paprikaschote, ein gehäufter Esslöffel Zucker, 2 kg Kartoffeln, 250 g Oliven und 250 g Rosinen.

Die Innereien in kleine Stückchen schneiden, zusammen mit etwas Thymian, Majoran, 2 Lorbeerblättern und soviel Wasser aufsetzen, damit es das Ganze deckt. 10 bis 15 Minuten kochen lassen, dann das Wasser mit den Kräutern abschütten. Das Gekröse erneut mit Wasser decken und die gleichen aber neuen Kräuter hinzugeben. Noch einmal 30 Minuten kochen lassen. Jetzt die Küchenkräuter aus dem Topf nehmen und die kleinen oder in Würfel geschnittenen und zuvor angerösteten Kartoffeln beigeben. Die restlichen Zutaten mit Ausnahme von Oliven und Rosinen werden in der Pfanne geröstet; zum Schluss einen Teelöffel Mehl zum Binden unterrühren. Das Geröstete dem Gekröse im Topf beigeben und obenauf kommen die Rosinen und Oliven. Alles zusammen etwa 20 Minuten garen lassen.

Vom Lorbeer sollte man nicht allzuviel Gebrauch machen, denn es heisst, er würde dem Herz schaden.

GETROCKNETE "VIEJAS" (Fisch)

Dazu nimmt man gesäuberte, an Luft und Sonne getrocknete "viejas". Diese werden auf Holzkohle gebraten, dann die Schuppen entfernt und nur mit Wasser in einem Topf etwa 15 Minuten gekocht. Aus dem Wasser nehmen und mit rotem Mojo aus Fuerteventura (siehe Rezept) servieren. Dazu Gofio, Kartoffeln oder Bataten. Essig und Öl können den roten Mojo ersetzen.

CHICHARROS (STÖCKERFISCH) IN ROTEM MOJO

Zutaten:
1 kg Chicharros (Stöcker), 2 Glas Öl, ein Schuss Essig, eine Knoblauchzwiebel, eine pikante Pfefferschote, Grobsalz, ein Teelöffel Kümmel, ein Teelöffel roter gemahlener Paprika.

Den Fisch säubern und braten. Im Mörser werden Knoblauch, Kümmel, Pfefferschote und Salz gestossen und mit den restlichen Zutaten vermischt, dann zusammen mit dem Fisch in einen irdenen Topf tun. Genügend Wasser beigeben, damit es den Fisch deckt und das Ganze eine gute Weile garen lassen.

SARDINEN IN MARINADE

Zutaten:
1/2 kg Sardinen, eine Knoblauchzwiebel, ein paar Zweigchen Petersilie, ein wenig Grobsalz, Öl und nach Belieben etwas Pfeffer.

Den Fisch säubern, Haut abziehen und die gröbsten Gräten entfernen. Auf einem Brett mit Messer oder Küchenschere in kleine Stücke schneiden, grosse Sardinen ausserdem noch halbieren. Mit Essig decken und 24 Stunden stehenlassen. Dann den Essig abgiessen und den Fisch in einem Sieb kurz unter fliessendes Wasser halten. Die übrigen Zutaten im Mörser stossen und Öl hinzugeben, um mit dem Ganzen die Sardinen zu decken. Sie können sofort verzehrt oder auch mehrere Tage aufbewahrt werden.

Zum Marinieren eignen sich auch Hering und Makrele.

MEERAAL MIT MOJO NACH JUNGFRAUENART

Zutaten:
1 kg frischer Meeraal, eine Knoblauchzwiebel, ein halbes Glas Öl, 2 Esslöffel Brotbrösel, eine pikante Paprikaschote, etwas Pfeffer, ein paar Zweigchen Petersilie, Kümmel und Salz nach Geschmack.

Knoblauch, Pfeffer, Petersilie, Kümmel und Salz im Mörser stossen. Den Meeraal in Stücke schneiden und mit dem Gemörserten und den restlichen Zutaten in einen Kochtopf geben, mit Wasser decken und aufs Feuer setzen. Statt Meeraal kann man auch eine andere ähnliche Fischart verwenden.

GEBRATENER SALZFISCH

Zutaten:
1 kg gesalzener Fisch, eine getrocknete Pfefferschote, eine Messerspitze Kümmel, 2 Gläschen Öl, ein Gläschen Essig, etwas gemahlener roter Paprika und eine Knoblauchzwiebel.

Den Fisch waschen, anbraten, die Schuppen entfernen und in einen Topf legen. Die übrigen Zutaten im Mörser stossen und dem Fisch beigeben zusammen mit genügend Wasser, um das Ganze zu decken und etwa 15 Minuten kochen zu lassen.

Den Fisch kann man einige Stunden vorher oder schon am Vortag einweichen, aber meistens wird das Salz nur abgeklopft, der Fisch entschuppt, gebraten und ein paar Minuten lang ins Wasser getaucht, um ihn dann mit pikantem Mojo zu servieren, wozu ein Gläschen Wein nicht fehlen sollte.

"VIEJAS SANCOCHADAS"
(Gedünsteter Fisch)

Die "Viejas" waren schon von jeher und sind noch immer der delikateste und am meisten geschätzte Fisch der Kanarischen Inseln.

Nachdem man den Fisch gesäubert hat, wird er in Salzwasser gekocht. Dann mit Hilfe von Messer und Gabel die Haut samt Schuppen entfernen. Man kann ihn aber auch vor dem Kochen entschuppen.

Normalerweise wird der auf diese Art zubereitete Fisch mit etwas Öl und Essig oder einem milden Mojo aus grünem Pfeffer gewürzt und zu Runzelkartoffeln gegesen. Die Kochbrühe kann für eine Suppe verwendet werden.

Fischsorten wie z.B. Dorsch und Ziegenfisch pflegt man auf dieselbe Weise zuzubereiten.

FISCHSTÜCKCHEN IM TEIGMANTEL

Zutaten:
Für den Teig: 500 g Mehl, 2 Eiweiss, ein wenig Backpulver (oder bereits zubereitetes Backmehl), ein Bier, ein Esslöffel Öl und Salz. Fisch: Dorsch, Kabeljau o.ä.

Knoblauchzehen, Petersilie und Salz für den Mörser, und der Saft einer Zitrone.

Eiweiss gut schlagen und mit den genannten Zutaten zu einem etwas weichen Teig verarbeiten. Den Fisch säubern und in schmale, etwa 10 cm lange Stückchen schneiden, diese in das im Mörser gestossene Gemisch eintauchen, dann gut im Teig wenden und in der Pfanne backen.

GESCHMORTES RINDFLEISCH

Zutaten:
Etwa 1 kg Rindfleisch, eine rote Paprikaschote, eine halbe Knoblauchzwiebel, Grobsalz, 2 Gläschen Weisswein, ein Gläschen Öl und gemahlener Süsspaprika.

Das ganze unzerteilte Fleischstück in dem gemahlenen Paprika wälzen und zusammen mit den übrigen Zutaten bei mässiger Hitze in einem Topf schmoren, der nicht aus Aluminium sein soll. Knoblauch und Salz hat man vorher im Mörser gestossen, die Paprikaschote in Scheiben geschnitten. Während dem Garen das Fleisch mehrmals wenden. Verwendet man Gefrierfleisch, soll es auftauen bevor es aufs Feuer kommt.

GESCHMORTES HAMMELFLEISCH

Zutaten:
2 kg Hammelkeule oder Hammelrippchen, 750 g Zwiebeln, eine Knoblauchzwiebel, 3-4 Tomaten, 2 Lorbeerblätter, etwas Thymian, Petersilie, schwarzer Pfeffer nach Geschmack, Salz, ein Glas Weisswein, ein Glas Öl und ein Esslöffel Mehl.

Das Fleisch in Stücke zerkleinern und anbraten. Im selben Öl die gehackten Zwiebeln bräunen; Knoblauch, Petersilie, Salz und Pfeffer (bereits im Mörser gestossen) sowie die Tomaten und übrigen Zutaten einschliesslich Mehl beigeben. Alles zusammen mit dem Weisswein und etwa einem halben Liter Wasser im Topf aufsetzen und ungefähr 30 Minuten garen lassen.

"JAREAS" AUS LANZAROTE

("jareas" ist ein allgemeiner Begriff für Trockenfische)

Zutaten:
1 kg Jareas, ein Tässchen Öl, ein halbes Tässchen Essig, ein halbes Tässchen Wasser, eine Knoblauchzwiebel, ein paar Zweigchen Thymian, ein Teelöffel gemahlener Paprika und nach Wunsch eine scharfe Pfefferschote.

Den Fisch in der entsprechenden Menge Wasser kochen bis er gar ist, was nur wenige Minuten dauert; dann Gräten und Schuppen entfernen und ihn in Stücke schneiden. Den Knoblauch zerkleinern, goldbraun anrösten, die übrigen Zutaten beigeben und alles zusammen kurz aufkochen. Zuletzt gibt man die Fischstücke hinzu und lässt das Ganze etwas durchziehen.

Dieses Gericht eignet sich besonders zu geknetetem Gofio und Süsskartoffeln.

Statt "jareas" kann man auch kleine getrocknete Fische, "pejines" genannt, verwenden.

Der Fisch kann auch zuerst angebraten werden. Dann zieht man die Schuppen ab und verfährt genauso wie oben angegeben, oder man serviert ihn mit pikantem Mojo.

MAKRELEN IN "SALMOREJO"

(typische kanarische Pökelsosse)

Zutaten:
1 kg grosse Makrelen, eine Knoblauchzwiebel, ein Gläschen Öl, ein Schuss Essig, ein halbes Gläschen Weisswein, ein paar Majoranblüten, ein Lorbeerblatt, Grobsalz nach Geschmack, eine Messerspitze Kümmel, ein paar schwarze Pfefferkörner oder eine pikante Pfefferschote.

Die Makrelen werden gesäubert, aussen an verschiedenen Stellen leicht eingeschnitten und in die Pökelsosse gelegt. Knoblauch, Salz, Kümmel, Majoran und Pfeffer gut im Mörser stossen, dann die restlichen Zutaten untermischen und über den Fisch giessen. Während die Makrelen auf dem Grill braten, Petersilienzweigchen in die Pökelsosse tauchen und damit die Fische befeuchten.

Möchte man mit einer Sosse weitermachen, so müssen die Makrelen vor dem Grillen in 2 oder 3 Stücke geschnitten werden. Darauf achten, dass sie nicht zu trocken ausbraten. Die übriggebliebene Pökelsosse in ein Gefäss geben (am besten ein irdenes), die Fischstücke hineintun, ein wenig Wasser hinzufügen und auf kleiner Flamme eine Weile durchziehen lassen.

Dieses Rezept eignet sich auch für "chicharros" (Stöckerfische) und andere Fischsorten. Es ist zu empfehlen, allen "blauen" Fisch gebraten oder in der Röhre geschmort zu verzehren; so zubereitet ist er gesünder.

SANCOCHO

Zutaten:
1 kg gesalzener Fisch und 2 kg Kartoffeln.

Die Kartoffeln in der Mitte schälen und den Rest der Schale lassen (man kann sie auch ganz in der Schale lassen oder diese vollkommen entfernen); in einen Topf geben und den bereits entschuppten und am Vortag eingeweichten Fisch obenauf legen. Mit frischem Wasser decken und aufs Feuer setzen. Nach Belieben kann mit einem Lorbeerblatt und ein paar Zweigchen Majoran aromatisiert werden. Wenn das Gericht gar ist, das Wasser abgiessen und Kartoffeln und Fisch getrennt auf eine Platte tun.

Zu diesem traditionellen Rezept gehört gekneteter Gofio und ein guter Mojo aus grünem Pfeffer.

TOLLOS IN WEIN
(ein gesalzener Trockenfisch)

Zutaten:
1 kg Tollos, 2 Knoblauchzwiebeln, ein Teelöffel roter gemahlener Paprika, ein paar Spitzen Majoran, 2 harte Brotrinden, ein Schuss Essig, 1/2 l Weisswein, eine Tasse Öl, Salz, eine rote Pfefferschote.

Den Fisch in etwa 10 cm lange Stücke schneiden und am Vortag einweichen. Dann kochen und die Haut abziehen.

Die Fischstücke in einen Kochtopf tun, Knoblauch und Brotrinde stossen, Pfefferschote kleinhacken und alles zusammen mit den übrigen Zutaten dem Fisch beigeben. Nicht allzulange garen lassen.

Manche Leute braten den Fisch nach dem Kochen in der Pfanne und mischen Gezwiebeltes darunter.

GESCHMORTE TOLLOS
(ein gesalzener Trockenfisch)

Zutaten:
1 kg Tollos, 2 Tassen Öl, ein kleines Tässchen Essig, eine Knoblauchzwiebel, je nach Belieben entweder eine süsse oder eine getrocknete pikante Pfefferschote, Grobsalz nach Geschmack, ein Teelöffel roter gemahlener Paprika, ein trockenes Brot und etwa 3 Liter Wasser.

Die Tollos am Vortag einweichen. Dann im Salzwasser kochen, das Wasser abschütten und die Haut abziehen. Knoblauch, Pfefferschote und das zuvor kurz eingeweichte und gut ausgedrückte Brot im Mörser zerkleinern und in einen Kochtopf tun, der nicht aus Aluminium sein soll. Das Öl und den gemahlenen Paprika zuletzt im Mörser verrühren und zusammen mit einem Liter Wasser in denselben Topf geben und 10 Minuten kochen lassen. Nun wird diese Brotbrühe über die Tollos gesiebt, die sich bereits in einem anderen Topf befinden, dessen Deckel man mit einem Tuch gut abdichtet und in dem sie etwa 20 Minuten lang ziehen sollen.

Fertig ist das Gericht, um es mit geknetetem Gofio, Runzelkartoffeln oder Bataten zu verspeisen.

FISCHTOPF

Zutaten:
1 kg Fisch (besonders geeignet sind Heilbutt, Brachsen, Kabeljau, usw.), 2 kg Kartoffeln, eine Zwiebel, eine Tomate, eine halbe Knoblauchzwiebel, Petersilie, rote Paprikaschote, Kümmel, ein Lorbeerblatt, Safran, Öl, Salz, ein Teelöffel roter gemahlener Paprika.

Kartoffeln schälen, mit genügend Wasser ansetzen, das auch den später hinzukommenden Fisch decken soll.

Fisch leicht anbraten und aus der Pfanne nehmen. Im selben Öl die übrigen Zutaten schmoren, ausser Knoblauch, Petersilie, Safran und Salz, was im Mörser gestossen wird. Alles den Kartoffeln beigeben, und wenn diese halb weich sind, den in Scheiben geschnittenen Fisch obenauf legen und langsam zu Ende garen lassen.

Die Zutaten können auch roh beigegeben und mitgedünstet werden.

Mit der Brühe pflegt man einen «Escaldón» aus Gofio herzustellen.

FISCHTOPF EINMAL ANDERS

Ein Liter Wasser mehr als im vorigen Rezept, 2 Chayoten, eine Pantane oder Bubango (Kürbisarten), 1 kg Kartoffeln.

Wenn alles gar ist, das Gemüse und den Fisch getrennt auftragen. Mit der Brühe einen "escaldon" (Gofiobrei) zubereiten, und das Gemüse mit Essig und Öl abschmecken.

STOCKFISCH IN SOSSE NACH «HAUS REMEDIOS»

Zutaten:
1 kg gesalzener Stockfisch, 1 kg Zwiebeln, eine Knoblauchzwiebel, etwas Mehl, eine rote Paprikaschote, Petersilie, 2 Tomaten, Safran, eine Messerspitze roter gemahlener Paprika und Öl.

Den Stockfisch je nach der Dicke ein oder zwei Tage einweichen (das Wasser mehrmals wechseln). Mit ein paar Kohlblättern oder Flaschenkorken geht das Entsalzen schneller. Dann Schuppen und dunkle Hautstücke entfernen. Fisch mit einem Tuch abtrocknen, im Mehl wenden und in der Pfanne braten.

Tomaten schälen, zerdrücken, mit etwas Safran und einer Messerspitze gemahlenem Paprika eine Weile in der Pfanne schmoren lassen, mit den restlichen Zutaten mengen, alles zusammen braten und dann dem Fisch beigeben.

Eine andere und schnellere Zubereitungsweise besteht darin, den Fisch kürzere Zeit einzuweichen und im Topf zu kochen. Evtl. mit etwas Weisswein die Zutaten gut durchbraten lassen und dann dem kurz in Öl gewendeten Fisch beigeben.

GEDÜNSTETER FISCH

Zutaten:
1 kg Fisch (Rotbrachsen, Heilbutt, Äsche), 2 Tomaten, 2 Zwiebeln, etwas Petersilie, ein Tässchen Olivenöl, Safran, ein paar Knoblauchzehen, Grobsalz und Wasser, um die Zutaten zu decken.

Den Fisch in Scheiben schneiden und die anderen Zutaten kleinhacken ausser den Zwiebeln, die ebenfalls in Scheiben geschnitten werden. Alles zusammen in einen Topf tun und dünsten.

GESCHMORTER TINTENFISCH

Zutaten:
1/2 kg Tintenfisch, 2 Zwiebeln, 2-3 Tomaten, eine Paprikaschote, eine Knoblauchzwiebel, etwas Petersilie, eine Messerspitze gemahlener Kümmel, eine Messerspitze roter Farbstoff, ein Glas Weisswein, ein Glas Öl, ein Lorbeerblatt, ein Zweigchen Thymian, Salz nach Geschmack und etwas Mehl.

Tintenfisch säubern, die schwarze Haut entfernen, in Scheiben schneiden und im Mehl wenden.

Knoblauch, Petersilie, Salz und Safran stossen und die übrigen Zutaten zerkleinern, ausser Lorbeer und Thymian.

Öl in die Pfanne tun, das Ganze etwas anschmoren lassen, Wein und Tintenfisch beigeben.

Etwa 20 Minuten auf kleiner Flamme garen lassen.

GEPÖKELTER THUNFISCH

Zutaten:
1 kg Thunfisch, 2 Knoblauchzwiebeln, etwas Kümmel, gemahlener roter Paprika, Majoran, etwas Essig, ein Glas Öl, ein Lorbeerblatt, Salz.

Den Thunfisch im Wasser kochen, dem man Salz, Lorbeer und einen Schuss Essig beigegeben hat. Nicht allzu weich werden lassen, Wasser abgiessen und Haut und Gräten entfernen.

Restliche Zutaten stossen, in ein Gefäss (nicht aus Aluminium) tun und die Fischstücke hineinlegen. Ein paar Stunden oder über Nacht ruhen lassen und dann braten.

TINTENFISCH IN SOSSE

Tintenfisch in kleine Stücke schneiden. Ein in der Pfanne gedünstetes Gemisch aus Zwiebeln, Tomaten, Knoblauch, Safran, aromatischen Kräutern, roter Paprikaschote, Öl, Weisswein, Wasser und Salz beigeben und am besten in einem irdenen Topf garen.

TINTENFISCH IN ESSIGSOSSE
(Tintenfischsalat)

Kleine Tiere bleiben ungeteilt, bei grossen das Fleisch etwas einschneiden, ohne aber die Stücke zu trennen.

Im Wasser kochen, dem man etwas Weisswein, 3-4 in grosse Stücke geschnittene Zwiebeln und Salz beigegeben hat. Erkalten lassen und mit der Küchenschere in Stückchen schneiden.

Mit Öl und Essig abschmecken, evtl. etwas kleingehackte rohe Zwiebel und rote Paprikaschote beigeben.

GERÖSTETE NAPFMUSCHELN

Etwas Knoblauch, Petersilie und Grobsalz im Mörser stossen und zum Schluss ein wenig Öl und Weisswein beigeben.

Die Napfmuscheln mit der offenen Seite nach oben etwa 10 Minuten auf ein Grillblech oder in die Bratröhre legen; unterdessen die Muscheln mit einem Löffel oder mit Petersilienzweigchen mehrmals mit der im Mörser zubereiteten Tunke beträufeln.

WEINSCHNITTEN

Zutaten:
Ein paar Tage altes Weissbrot, Eier, Süsswein, Zucker und Öl.

Das Brot in zentimeterdicke Scheiben schneiden, gut mit dem Süsswein durchtränken, in die gequirlten Eier tauchen, in der geölten Pfanne backen, auf eine Platte tun und feinen Zucker darüberstreuen.

FEIGENBROT

Ein einfaches und nahrhaftes Rezept. Dazu braucht man nur 500 g Mandeln und 500 g Trockenfeigen.

Mandeln (ungeschält) und Feigen werden zusammen gemahlen. Daraus ein Brot formen und mit den Händen gut andrücken.

APFELPUDDING

Zutaten:
1 kg Äpfel, 5 Eier, 750 g Kondensmilch, dieselbe Menge Frischmilch (im Volumen), 250 g Zucker und Wasser.

Äpfel schälen, Kerne entfernen und kochen. Wasser abgiessen und die Äpfel durchpassieren.

Eier quirlen und alles (ausser Zucker und Wasser) gut mengen. Mit dem Zucker und etwas Wasser einen leicht gebrannten Sirup (Zuckerschleim) zubereiten und auf den Boden eines entsprechenden Gefässes oder Puddingform geben. Den Apfelbrei in die Form schütten und diese im Wasserbad etwa eine Stunde auf dem Feuer lassen. Durch Einstechen kann man feststellen, ob die Masse bereits fest ist.

Für Birnenpudding dieselbe Herstellungsweise.

MARZIPANTÖRTCHEN

(Rezept aus Gran Canaria)

Zutaten:
1/2 kg Mandeln, 1/2 kg Zucker, 250 g Mehl, ein Ei und eine geriebene Zitronenschale.

Die Mandeln sieden und schälen, dann mahlen und gut mit den übrigen Zutaten mischen. Kleine Backformen oder eine grosse (traditionsgemäss pflegte man Käseformen zu verwenden) mit etwas Mehl bestäuben, mit dem Teig füllen und bei mittlerer Hitze im Ofen backen, bis die Törtchen goldbraun sind und etwas aufplatzen.

BUTTERBISKUIT

Zutaten:
200 g Butter, 350 g Zucker, 5 Eier, 500 g Mehl mit Backpulver oder gegebenenfalls ein Esslöffel, die geriebene Schale einer Apfelsine und der Saft derselben.

Butter und Zucker schlagen, Eier, Mehl und die restlichen Zutaten einrühren und gut mischen, in eine mit Butter ausgestrichene Form geben und bei mittlerer Hitze 30-40 Minuten im Ofen backen.

SCHMALZBRÖTCHEN

Zutaten:
1 kg Mehl, 250 g Schweineschmalz, ein Teelöffel Grobsalz, etwa 10 g Backhefe, ein Teelöffel Zimt, ein Esslöffel Anis, ein Ei, die geriebene Schale einer Zitrone, 250 g Rosinen und Wasser.

Zuerst das Mehl mit Wasser, Salz und Hefe verarbeiten, bis man einen etwas festen, brotähnlichen Teig erhält, den man 20 Minuten ruhen lässt. Dann das Schmalz und die restlichen Zutaten untermischen. Den Teig in zwei oder mehrere Stücke teilen, etwas flachgedrückte Brötchen formen und auf ein mit Pergamentpapier ausgelegtes Blech tun. Ungefähr 2 Stunden stehen lassen und dann bei 170° etwa 30 Minuten im Ofen backen, bis die Brötchen goldbraun sind.

Dies ist die traditionelle Art, wie man dieses Gebäck im Tal von Orotava herstellt. Manche Leute geben etwas Zucker bei oder verwenden Öl statt Schweinefett, wenn man letzteres nicht vertragen kann.

APFELKRAPFEN

Zutaten:
Zwei weisse Äpfel, 2 Eier, 250 g Mehl, ein Päckchen Backpulver und eine Tasse Milch.

Alles mit Ausnahme der Äpfel zu einem geschmeidigen Teig verrühren und eine halbe Stunde ruhen lassen. Dann die Äpfel schälen und in nicht zu dicke Scheiben schneiden; diese gut im Teig wenden, Öl in der Pfanne erhitzen und die Apfelscheiben darin backen. Auf eine Platte tun und mit Zucker bestreuen.

REISPUDDING MIT HONIG

Zutaten:
Ein Glas Reis, 2 Glas Wasser, ein Glas Milch, 2 Eier, etwas Mehl, geriebene Zitronenschale, eine Messerspitze gemahlener Zimt und Honig nach Geschmack.

Reis mit der angegebenen Wassermenge kochen, zum Schluss die Milch beigeben und erkalten lassen. Eier quirlen und alles zusammen mit den übrigen Zutaten mischen. In eine Puddingform füllen, auf deren Boden man etwas kandierten Zucker getan hat. 30-40 Minuten bei mässiger Hitze im Ofen backen. Erkalten lassen und den Honig darübergeben.

ZITRONENDESSERT

Zutaten:
8 Zitronen, eine kleine Dose Sahne, eine Dose ungesüsste Milch, 8 Esslöffel Zucker.

Alles gut verrühren, in ein entsprechendes Gefäss füllen und einen Tag im Kühlschrank lassen. Falls man nicht so lange warten möchte, kann die Zitronenspeise schon nach wenigen Stunden verzehrt werden, obgleich sie noch nicht ganz fest ist.

BROTPUDDING

Zutaten:
2 ein paar Tage alte Brote, 2 Eier, 1/2 l Milch, eine kleine Stange Zimt, etwas Zitronenschale, ein Teelöffel Gewürzanis, 3-4 Esslöffel Zucker.

Die Milch mit Zimt, Zitronenschale in Stückchen, Anis und Zucker zum Kochen bringen und etwa fünf Minuten auf kleiner Flamme lassen, damit es nicht überläuft.

Unterdessen das Brot zerkleinern und die Eier quirlen. Die Milch über das Brot sieben und dieses mit einer Gabel zerdrücken. Dann die Eier beigeben und alles gut mischen.

Zucker anbräunen, in die Puddingform geben und diese mit dem Brotbrei füllen. Etwa 45 Minuten im Wasserbad lassen.

SÜSSER MILCHREIS

Zutaten:
2 l Milch, 250 g Reis, Zucker nach Geschmack, ein Stückchen Zimtstange, etwas Zitronenschale und 2 Glas Wasser.

Reis waschen und in der angegebenen Wassermenge kochen bis er beinah trocken ist. Dann Milch, Zimt und Zitronenschale beigeben und öfter umrühren, damit der Reis nicht anbrennt. Auf kleiner Flamme weiterkochen lassen, Zucker untermischen, vom Feuer nehmen und im selben Topf eine gute Weile ruhen lassen.

Sollte der Reis zu dick geworden sein, etwas kochendheisse Milch einrühren.

Diese Nachspeise sollte öfter auf den Tisch kommen, denn sie ist gesund und nahrhaft.

Nach dem Erkalten können Äpfel- oder Birnenstückchen unter den Reis gemischt werden. Auch mit eingemachten Birnen oder Pfirsichen, in Dessertgläsern serviert, wirkt diese Nachtischspeise sehr appetitlich.

«MANDELKÄSE»

Dieses Rezept hat allerdings nichts mit Käse zu tun. Der Name kommt daher, weil man diese Süssigkeit in Käseformen zuzubereiten pflegt.

Zutaten:
500 g Mandeln, 500 g Zucker, 3 Eigelb und ein ganzes Ei, etwas geriebene Zitronenschale, ein Teelöffel Zimt, ein mittelgrosses Glas Wasser.

Mandeln eine Minute lang in kochendes Wasser tun, abtropfen lassen, nach dem Abkühlen schälen und mahlen. Zucker und Wasser mischen, aufs Feuer setzen und unter Umrühren Karamelzucker daraus machen. Zusammen mit den übrigen Zutaten den Mandeln beigeben. Wieder auf kleine Flamme setzen und während 30 Minuten langsam umrühren, bis sich die Masse vom Topf löst.

Vom Feuer nehmen, in eine mit Öl oder Butter ausgestrichene Form (Käseform) giessen und erkalten lassen.

«KOKOSKÄSE»

Zutaten:
250 g Kokosraspel, 250 g Kekse, eine Dose Kondensmilch.

Kekse mahlen und alles gut miteinander vermischen. In eine Form drücken. Sofort wieder herausnehmen, und schon ist diese Süssigkeit tischfertig.

KÄSEGEBÄCK VON DER INSEL EL HIERRO

Zutaten:
1 kg ungesalzener Weichkäse, 3 Eigelb, 500 g Zucker, 250 g Mehl, eine geriebene Zitronenschale, ein Teelöffel Gewürzanis, eine Messerspitze Zimt.

Den höchstens drei Tage alten Käse mahlen oder schmelzen und gut mit den übrigen Zutaten vermengen.

Man kann einen Teig aus Mehl und Wasser zubereiten, ihn hauchdünn ausrollen und damit die Form auslegen, in welche der Käse kommt. Zwar wird es meistens so gemacht, aber es ist viel einfacher, die Form mit Pergamentpapier statt mit Teig auszulegen.

Die Form knapp über die Hälfte füllen, denn durch die Hitze geht das Gebäck hoch.

Im Ofen goldbraun backen lassen.

"KEKSKÄSE"

Zutaten:
400 g Zucker, 4 Eier, eine grosse Packung Kekse, 50-100 g Kokosraspel, die geriebene Schale einer kleinen Zitrone, eine Messerspitze gemahlener Zimt.

Eier mit dem Zucker schlagen. Etwa zehn Minuten auf dem Feuer lassen. Langsam umrühren. Dann von der Flamme nehmen, die gemahlenen oder zerkrümelten Kekse und die übrigen Zutaten beigeben. Alles gut mischen, in ein Gefäss (Käseform) geben und erkalten lassen.

KROKANT

Zutaten:
500 g Mandeln, 500 g Zucker, 3 Eier.

Mandeln kurz sieden, abkühlen lassen, schälen und mahlen.

Die gemahlenen Mandeln mit dem Zucker und den gequirlten Eiern mischen und mit den Händen kleine Kugeln formen. Sie sollen alle von derselben Grösse sein.

Etwas getrennt voneinander auf ein Backblech tun. Man kann die Kügelchen nach Wunsch formen oder leicht plattdrücken. Bei mässiger Hitze im Ofen backen.

GEBACKENE MILCH

Zutaten:
1 Liter Milch, 8 Eier, 250 g Zucker, die geriebene Schale einer grossen Zitrone, etwas Zimt und zwei Biskuits (oder etwa acht Kekse).

Eier mit dem Löffel verrühren, nach und nach die übrigen Zutaten beimischen und zuletzt die gemahlenen oder geriebenen Kekse.

2-2 1/2 cm dick in eine flache Backform oder auf ein Backblech tun. Bei mässiger Hitze etwa eine halbe Stunde im Ofen backen, bis die Masse goldgelb und fest ist.

Auf der Insel La Gomera pflegt man diesen Nachtisch mit Honig zu überträufeln.

FRANGOLLO
(Eine Art Maispudding)

Zutaten:
1 Liter Milch, 250 g grobkörniges Maismehl, ein Stückchen Zitronenschale, ein paar Mandeln, eine Handvoll Rosinen, 2 Esslöffel Zucker oder je nach Geschmack, eine Messerspitze Zimt.

Milch mit Zitronenschale kochen, dann die Schale herausnehmen. Auf kleiner Flamme nach und nach das Maismehl einrühren. Dann den Topf vom Feuer nehmen und die übrigen Zutaten beigeben.

Die Mandeln müssen gekocht und geschält sein.

Den Brei in ein Glasgefäss oder direkt in die Dessertteller füllen. Erkalten lassen und nach Wunsch etwas Honig darüberträufeln.

Frangollo wird auch mit Wasser statt Milch zubereitet und mit Honig übergossen. In beiden Fällen kann ein wenig gebrannter Zucker auf den Boden des Gefässes gegeben werden.

Dieser Nachtisch ist noch immer auf allen Inseln beliebt.

SÜSSE BROTSCHNITTEN

Zutaten:
Zwei nicht zu frische Brote, 1/2 l Milch, 4 Eier, 2 Esslöffel Zucker, ein Teelöffel Anislikör oder «Marie Brizard», ein Teelöffel gemahlener Zimt und die geriebene Schale einer halben Zitrone.

Die Brote in etwa 1 cm dicke Scheiben schneiden. Alle Zutaten ausser den Eiern in die Milch mischen. Brotscheiben einzeln in die Milch tauchen und wieder herausnehmen. Nicht in der Milch lassen. Auf eine Platte legen und ein paar Stunden durchweichen lassen. Dann die Scheiben in den gequirlten Eiern wenden und auf kleiner Flamme in der Pfanne backen.

Wenn sie goldbraun sind, aus der Pfanne nehmen und Zucker darüberstreuen.

KRAPFEN

Zutaten:
2 Eier, etwa 250 g Mehl mit backpulver, ein halber Teelöffel Gewürzanis, 2 Esslöffel Zucker, die geriebene Schale einer halben Zitrone, eine Messerspitze gemahlener Zimt und etwa 1/4 l Milch.

Alles zu einem etwas weichen Teig verrühren. Öl in der Pfanne erhitzen und mit Hilfe eines Löffels kleine Mengen von dem Teig in die Pfanne fallen lassen. Auf mittlerer Flamme backen, nach einer Weile wenden. Auf eine Platte tun und mit Zucker bestreuen.

ÖLGEBACKENES MIT MANDELFÜLLUNG

Zutaten:
Für die Füllung: 1 kg Mandeln, 500 g Zucker, 6 Eigelb, etwas gemahlener Zimt, geriebene Zitronenschale, und Gewürzanis nach Geschmack. Für den Teig: 200 g Schweinefett, ein halbes Gläschen Anislikör oder «Marie Brizard», ein halbes Glas Wasser und Mehl nach Bedarf.

Die Mandeln kurz in siedendes Wasser tauchen, abkühlen lassen, schälen, mahlen und mit den für die Füllung bestimmten Zutaten mischen.

Für den Teig die entsprechenden Zutaten mengen und während dem Kneten Mehl beigeben, bis der Teig ziemlich fest ist und nicht klebt. Dann eine Weile ruhen lassen.

Den Teig wenige mm dick ausrollen, kreisrunde Stücke von ungefähr 10 cm Durchmesser ausstechen. Etwas von der Füllung in die Mitte tun und wie einen Halbmond zusammenfalten. Rand mit den Fingern oder einer Gabel gut andrücken.

In schwimmendem Öl backen, auf einen Rost oder ein Gitter legen und nach dem Abkühlen mit einer Glasur aus Wasser und Zucker bestreichen.

Für die Glasur ein Glas Zucker und etwas weniger als ein halbes Glas Wasser in ein Gefäss (kein Aluminium) geben und erhitzen. Wenn die Flüssigkeit zu bräunen beginnt, vom Feuer nehmen und sofort das Gebäck damit bestreichen.

Dieses Rezept stammt von Gran Canaria, aber ähnliche gibt es auch auf den übrigen Inseln.

ÖLGEBACKENES MIT BATATENFÜLLUNG
(Wie vorstehend, aber mit Bataten)

Der Unterschied besteht nur aus einigen Zutaten.

Manche Leute verwenden für dieses Rezept ausschliesslich die weisse Batate (Süsskartoffel), gut zerdrückt und ohne Fasern. Andere bevorzugen weniger Bataten und dafür einen vierten Teil gemahlener Mandeln.

Nach dem Backen kann man statt der Glasur auch Puderzucker darüberstreuen.

Der Batatenfüllung, auch wenn sie Mandeln enthält, werden nur zwei Eigelb beigegeben.

DAMENSCHENKEL

Zutaten:
1 kg Mehl mit backpulver, 3 Eier, 1/2 Glas Öl, 1/2 Glas Milch (mittelgrosse Gläser), 500 g Zucker.

Alle Zutaten mischen, nach und nach das Mehl beigeben und gut durchkneten. Kleine Teigstückchen zwischen den Handflächen in längliche Formen rollen, wie Kroketten oder ein dicker Finger.

Ein paar Minuten in der Pfanne gut durchbacken, bis sie goldbraun sind.

BANANENOMELETT

Zutaten:
5 oder 10 Bananen, 5 Eier, 5 Esslöffel Trockenmilch, Zucker, Öl zum Backen.

Bananen schälen, jeweils auf fünf Teller verteilen und etwas zerdrücken.

Eiweiss mit 5 Esslöffel Zucker schlagen, Trockenmilch beigeben, unter Umrühren das Eigelb untermischen und in die fünf Teller tun.

Die Omeletts in heissem Öl in einer kleinen Pfanne auf beiden Seiten backen, vom Feuer nehmen, mit Zucker bestreuen und ein paar Tropfen Zitronensaft darüberträufeln.

Um das Omelett während dem Backen zu wenden, eine zweite geölte Pfanne darüberstülpen, aber zuerst das Öl aus der ersten Pfanne abgiessen. Umkippen und das Omelett in die zweite Pfanne fallen lassen. Öl wieder abschütten.

APFELOMELETT

Wird wie Bananenomelett zubereitet, aber statt den Bananen 1 kg Äpfel verwenden.

Äpfel schälen, in dünne Scheiben schneiden, in der Pfanne anbraten lassen und wie oben verfahren.

HOCHZEITSOMELETT

Zutaten:
4 Eier, die geriebene Schale einer halben Zitrone, etwas Zimt, Zucker, Wasser, grob gemahlenes Weizenmehl und eine Messerspitze backpulver.

Eiweiss zu Schnee schlagen, Eigelb, Zimt, Zitronenschale und 4 Esslöffel Mehl beigeben. Gut mischen und in der Pfanne in heissem Öl backen. Beim Umdrehen sehr vorsichtig verfahren.

Mit Zucker und Wasser eine Glasur (Zuckerschleim) zubereiten und im Teller darübergeben.

Dieses aus Barlovento stammende Rezept ist schlicht mit dem Namen «tortilla» (Omelett) bekannt, aber da es stets bei Hochzeiten zubereitet wurde, habe ich ihm den Namen «tortilla de boda» (Hochzeitsomelett) gegeben, um es von den anderen Rezepten zu unterscheiden.

KARNEVALSOMELETT

Zutaten:
6 Zwieback, 10 Eier, 1/2 l Milch, Zucker nach Geschmack, 250 g Mehl, ein Gläschen Anislikör, etwas Zimt, geriebene Zitronenschale, Gewürzanis, Öl zum Backen.

Zuerst den Zwieback in der vorgewärmten Milch einweichen. Dann Eier quirlen und das Mehl und die übrigen Zutaten beigeben.

Sobald der Zwieback weich ist, mit dem Teig vermischen. Mit einem Löffel kleine Portionen in die Pfanne geben und wie Krapfen backen. Auf dem Teller mit Zucker bestreuen.

KÜRBISTÖRTCHEN

Zutaten:
1 kg Kürbis, 2 Eier, Zucker, eine Messerspitze Salz, etwas Gewürzanis, ein Schuss Milch, Mehl.

Kürbis garen und Wasser abschütten. Zucker nach Geschmack, Salz, gemahlener oder gestossener Anis und Milch beigeben. Getrennt das Eiweiss mit 2 Esslöffel Zucker zu Schnee schlagen, Eigelb verrühren.

Alles gut mit dem geschälten, zerdrückten und kernlosen Kürbis vermischen, Mehl beigeben bis man eine geschmeidige Masse erhält.

Öl in der Pfanne erhitzen. Mit Hilfe eines Löffels kleine Stücke von diesem Teig in die Pfanne fallen lassen. Die Törtchen wenden, und sobald sie goldbraun sind, auf eine Platte legen und mit Zucker bestreuen.

HONIGSUPPE

Zutaten:
3 nicht zu frische Brote, 1/2 l Zuckerrohrsirup, ein Teelöffel Gewürzanis, ein halber Teelöffel gemahlener Zimt, etwas geriebene Zitronenschale, 100-150 g Mandeln.

Die Brote in etwa 1 cm dicke Scheiben schneiden. Zimt, Anis, Zitronenschale und Mandeln unter den Sirup mischen und kurz aufkochen lassen. Auf kleinster Flamme die Brotscheiben in den Sirup tauchen, etwas abwarten bis die Scheiben gut von der Flüssigkeit durchtränkt sind, mit einem Schaumlöffel herausnehmen und auf eine Platte legen.

Sollte von dem Sirup übrigbleiben, weiter Brotschnitten eintauchen, bis er aufgebraucht ist.

Diese leckere Honigsuppe, typisch für die Insel La Palma, sollte kalt gegessen werden. Falls man nicht so lange warten möchte und sie warm verzehren will, niemals kaltes Wasser dazu trinken.

GEBACKENE KRINGEL

Zutaten:
1 kg Mehl mit backpulver, 7 Esslöffel Öl (kein Olivenöl), ein Teelöffel Gewürzanis, eine geriebene Zitronenschale, 7 Esslöffel Zucker, 7 Esslöffel Milch und 2 Eier.

Alles gut verrühren, Mehl beigeben und kneten, bis man einen weichen Teig erhält.

Kleine Teigstückchen mit den mehlbestäubten Händen zu länglichen, fingerdicken Nudeln rollen, beide Enden andrücken und einen Kringel formen. Genügend Öl in die Pfanne tun, damit die Kringel schwimmen, und ein Stückchen Zitronenschale fürs Aroma beigeben. Sobald die Zitronenschale braun wird, kann mit dem Backen der Kringel begonnen werden. Kringel aus der Pfanne nehmen und mit Zucker bestreuen.

WEINKRINGEL

Zutaten:
1/4 Liter Süsswein, 1/4 Liter Öl, 1 kg Mehl, eine geriebene Zitronenschale und ein gehäufter Teelöffel Anis.
Für den Sirup: 750 g Zucker und ein halbes Glas Wasser.

Die an erster Stelle genannten Zutaten zu einem Teig verarbeiten und gut durchkneten, dann eine Weile ruhen lassen.

Nun verfährt man genauso wie beim Rezept für "Gebackene Kringel" (Seite 75). Sobald die Kringel gebacken und abgekühlt sind, wird der Zucker und das Wasser ungefähr 10 Minuten auf kleiner Flamme gesiedet. Den noch kochendheissen Zuckerschleim über das Gebäck giessen, das man mit einer Holzgabel wendet, damit es ringsum von der Flüssigkeit benetzt wird und sich keine allzu dicke Zuckerkruste bildet.

ZIMTKRINGEL

Zutaten:
1 kg Mehl, ein Päckchen Backpulver, ein Glas Öl, ein Glas Milch, 8 Esslöffel Zucker, 2 Eiweiss, ein kleines Tässchen Anis und eine geriebene Zitronenschale.

Dieses von Lanzarote stammende Rezept ist dem der "Gebackenen Kringel" von der Insel La Palma ähnlich. Man verfährt in derselben Weise, nur dass zuerst das Eiweiss etwas geschlagen wird, um dann die restlichen Zutaten beizugeben, wobei das Mehl an letzter Stelle kommt.

Auf einem Teller mischt man ein halbes Päckchen Zimt, 3 Esslöffel Zucker und einen Teelöffel Mehl. Die Kringel vor dem Backen in dieser Mischung wenden.

HONIGKROKANT (Rapaduras)

Zutaten:
1/2 l Honig, 2 1/2 kg Zucker, ein Teelöffel Zimt, ein Teelöffel gemahlener Anis, eine geriebene Zitronenschale.

Honig und Zucker mischen, aufs Feuer setzen und hin und wieder mit einem Holzlöffel umrühren, damit es nicht anbrennt. Wenn die Flüssigkeit Fäden zieht, hat sie den richtigen Punkt erreicht.

Eine andere Probe besteht darin, ein paar Tropfen davon in ein Glas mit kaltem Wasser fallen zu lassen. Gehen die Tropfen bis auf den Grund und bilden kleine Kügelchen, dann ist die Honigmasse richtig. Löst sie sich aber auf, muss sie noch eine Weile auf dem Feuer bleiben und man wiederholt die Probe.

Dann vom Feuer nehmen, weiterrühren und die restlichen Zutaten beigeben. Noch eine Weile umrühren, bis die Flüssigkeit etwas eingedickt ist, aber in Formen aus Holz, Ton oder Blech geschüttet werden kann. Die Formen sollten aus zwei Teilen bestehen, damit man die «rapaduras» nach einer Weile, wenn sie noch warm aber bereits hart sind, herausnehmen kann.

MANDELKROKANT (Rapaduras)

Dasselbe Verfahren wie bei denen aus Honig. Zum Schluss 100-150 g ungeschälte, kleingehackte oder gemahlene Mandeln beigeben und noch einmal kurz aufkochen lassen. Ein wenig «gofio» aus Mais oder Weizen beimischen.

MILCHKROKANT (Rapaduras)

Zutaten:
1 Liter Wasser, eine geriebene Zitronenschale, eine kleine Dose Kondensmilch.

Das Wasser zum Kochen bringen, Zucker beimischen und umrühren, bis die Flüssigkeit einzudicken beginnt. Dann die Kondensmilch beigeben. Weiterrühren, bis man die gewünschte Masse erhält. Kurz bevor sie in die Formen gegossen wird, die geriebene Zitronenschale hinzufügen.

KÄSEBRÖTCHEN (CUAJADA)

Zutaten:
Weichkäse, Eier, Mehl, Gewürzanis, ein Esslöffel Bikarbonat pro kg Mehl, falls dieses kein backpulver enthält.

Käse zerbröckeln. Für jede faustgrosse Menge Käse kommt ein Ei hinzu. Etwas Anis beigeben und weniger Mehl als Käse. Der Teig soll geschmeidig bleiben und sich leicht von den Händen lösen.

Teig mit Mehl bestäuben, kleine runde, in der Mitte zugespitzte Brötchen formen. Diese Spitze mit allen Fingern der Hand andrücken, damit die Brötchen an dieser Stelle aufplatzen, wenn sie im Ofen sind.

Auf der Insel La Gomera wurden diese Käsebrötchen stets mit Palmensirup beträufelt gegessen, besonders am Johannistag.

ZUCKERSCHNITTEN (MARQUESOTES) von der Insel La Palma

Zutaten:
1/2 kg Zucker, 6 Eier, etwas mehr als 1/2 kg Mehl mit backpulver eine geriebene Zitronenschale, eine knappe Messerspitze Zimt.

Den Teig auf einem rechteckigen Blech backen, das tief genug sein soll, damit er beim Backen etwa 5 cm steigen kann.

Eine etwas flüssige Glasur (Zuckerschleim) zubereiten. Den Kuchen in 10-12 cm lange, 4-5 cm breite und 2 cm dicke Stücke schneiden, eines nach dem andern in die Glasur eintauchen, mit einem Schaumlöffel herausnehmen und auf ein Gitter legen, bis die Schnitten ausgekühlt sind.

SCHMALZGEBÄCK (MANTECADOS)

Zutaten:
500 g Mehl, 500 g Schweinefett (oder etwas weniger), 250 g Zucker, 1 Ei, eine geriebene Zitronenschale, ein Esslöffel Anislikör oder «Marie Brizard», eine Messerspitze Zimt.

Alles mischen, Teig kneten und ausrollen. Plätzchen mit einer Form oder einem Glas ausstechen, damit alle dieselbe Grösse haben. Auf einem mit Pergamentpapier ausgelegten Backblech bei mittlerer Hitze im Ofen backen, bis sie hart und goldbraun sind.

HONIGGEBÄCK (ALFAJORES)

Zutaten:
1 kg Bienenhonig, etwa 300 g gemahlene Mandeln, Zimt, geriebene Zitronenschale und Semmelbrösel.

Honig zum Kochen bringen, Mandeln, Zimt und Zitronenschale beigeben und nach und nach genügend Semmelbrösel einrühren, bis man eine ziemlich feste Masse erhält. Etwa 40 Minuten kochen lassen.

Aus Mehl, Wasser und Salz einen Teig zubereiten. Hautdünn (millimeterdick) ausrollen.

Diesen Teig in etwa 10 cm breite Streifen schneiden, genügend von der Füllung darauftun und diese in den Teigstreifen einwickeln. Dann in 5-7 cm lange Stückchen schneiden.

Die Füllung muss kochend auf den Teig kommen, damit dieser durch die Hitze gebacken wird.

SCHMALZKUGELN (MORON)

Zutaten:
500 g Schweineschmalz, 1 kg Mehl mit Backpulver, 4 Eier, 500 g Zucker.

Alles mischen mit Ausnahme von 2 Eigelb. Nach und nach das Mehl beigeben und kneten.

Eiergrosse Kugeln formen, auf ein Backblech legen, und bevor dieses in den Ofen kommt, die Kugeln mit dem übriggebliebenen Eigelb bestreichen.

ALFEREZ (eine Art Krokant)

Zutaten:
1/2 Liter Zuckerrohrsirup, 2 Esslöffel Zucker, 100 g Mandeln.

Sirup kochen und Zucker einrühren, bis die Flüssigkeit dickt. Dann die Mandeln dazugeben, die geröstet und geschält sein müssen. Gut umrühren und auf den Marmor der Küche schütten (es kann auch ein Brett sein), auf den man ein Pergamentpapier gelegt hat. Den Sirup mit Löffel oder Spachtel gleichmässig ausbreiten und ebenfalls ein Pergamentpapier darüberlegen.

Wenn die Masse erkaltet ist, auf einem Brett in Vierecke schneiden. Bevor man die Süssigkeit verspeist, das Papier abziehen.

SÜSSKARTOFFELBRÖTCHEN

Zutaten:
500 g Batatenmark (Süsskartoffeln), 1 kg Mehl mit Backpulver ein Teelöffel Gewürzanis, 100 g Schweinefett oder Margarine, etwas geriebene Zitronenschale, 1/2 Teelöffelk gemahlener Zimt und Wasser.

Bataten kochen und schälen. Gut zerdrücken, die restlichen Zutaten beigeben, während dem Kneten Wasser untermengen, bis eine feste Masse entsteht.

Handflächengrosse Kugeln formen, etwas plattdrücken und im Ofen backen. Wenn man sie mit dem Finger andrückt und die Masse wieder hochkommt, dann haben die Brötchen den richtigen Punkt erreicht.

TURRON AUS WEIZEN (WEIZENKROKANT)
(stammt aus Barlovento)

Zutaten:
1 kg Weizen, 100 g Mandeln, ein Stückchen Hartkäse, Zucker und Wasser.

Auf einem kleinen Röster den Weizen gut rösten ohne dass er verbrennt. Unterdessen die Mandeln sieden, schälen, mahlen oder kleinhacken und in der Pfanne rösten.

Einen dickflüssigen Zuckerschleim (Wasser und Zucker) zubereiten, aber nicht erhitzen. Den Käse zerkrümeln oder reiben.

Den währenddessen bei mässiger Hitze röstenden Weizen nicht vergessen, den man beinah ununterbrochen mit einem Holzlöffel oder einer Spatel wenden muss.

Sobald er geröstet ist, auf einen flachen Teller oder eine Platte schütten, Mandeln und Käse beigeben, mischen und sofort den Zuckerschleim darübergiessen, während der Weizen noch heiss ist.

Das war der einzige «turrón», den man früher in manchen Dörfern kannte, und er wird auch heute noch hergestellt.

TORTA DE VILANA
(Typisches Gebäck von La Gomera)

Zutaten:
500 g Zucker, 6 oder 8 Eier, 500 g Rosinen, 500 g Mandeln, 1 kg Kartoffeln, etwa 200 g Schweineschmalz, etwa 750 g Weizenmehl, Salz, geriebene Zitronenschale, Zimt, ein Teelöffel Bikarbonat falls das Mehl keine backpulver enthält.

Kartoffeln kochen, schälen und zerdrücken. Eier untermischen, dann die übrigen Zutaten und zuletzt das Mehl. Die Mandeln werden gemahlen beigeben; ein paar ganze, geschälte Mandeln zurückbehalten.

Den Teig auf ein Backblech tun und die paar ganzen Mandeln von oben in den Teig drücken.

Backblech vorher einfetten. Damit der Teig nicht verbrennt, mit ebenfalls eingefettetem Papier (keine Alufolie) abdecken. Bei starker Hitze backen.

ORANGENKUCHEN

Zutaten:
5 Eier, 500 g Zucker, 500 g Mehl mit Backpulver, ein mittelgrosses Glas frischgepresster Orangensaft, ein mittelgrosse Glas Öl (kein Olivenöl), ein Teelöffel Gewürzanis, ein halber Teelöffel gemahlener Zimt, eine geriebene Zitronenschale, ein mittelgrosses Glas Milch.

Eiweiss mit 5 Esslöffel Zucker zu Schnee schlagen, dann Eigelb unterrühren. Die restlichen Zutaten beigeben und zuletzt das Mehl. Alles gut durchmengen.

Den Teig in eine mit Butter oder Margarine ausgestrichene Form füllen und während etwa 30 Minuten bei mässiger Hitze im Ofen backen.

Durch Einstechen mit einem dünnen Draht kann man feststellen, ob der Kuchen fertiggebacken ist. Wenn der Teig nicht kleben bleibt, kann der Kuchen aus dem Ofen genommen werden.

PANTANEN-KOMPOTT (KÜRBIS)

Zutaten:
1 kg gekochtes Pantanenfleisch (pantana = grosser weisser Kürbis), 1 kg Zucker, 2 oder 3 Zimtstangen, eine dünne Zitronenschale.

Die Pantane in 2 oder 4 Stücke teilen, kochen und mit einer Gabel abziehen, Kerne entfernen und in einen Topf tun.

Mit den übrigen Zutaten mischen, auf kleiner Flamme mit Holzlöffel oder Holzgabel langsam umrühren, bis man eine marmeladeähnliche Masse erhält. Das dauert ungefähr eine Stunde.

Für Kürbiskompott die Frucht gut durchkochen, Kerne entfernen und dann genauso verfahren wie beim Pantanenkompott.

TOMATENKOMPOTT

Dieselben Zutaten wie beim Pantanenkompott, aber mit 1 kg Tomatenmark. Tomaten schälen und Samenkörner entfernen.

PFIRSICHKOMPOTT

Genauso wie vorstehend. Die Früchte kochen und zerdrücken oder durchpassieren.

Für Birnen-, Pflaumen- und Pfirsichkompott braucht das Obst nicht gekocht zu werden, wenn dieses gut reif ist.

BIENMESABE
(«Schmecktmirgut»)

Zutaten:
250 g Mandeln, 1/2 l Wasser, 500 g Zucker oder etwas weniger, 3 oder 4 Eigelb, ein paar Stück Zwieback.

Zuerst die Mandeln sieden, rösten und mahlen. Eigelb quirlen.

Wasser und Zucker erhitzen und einen Zuckerschleim zubereiten. Unter Umrühren Eigelb, Mandeln und zuletzt den Zwieback beigeben. Die Flüssigkeit soll etwas eindicken.

Bezüglich dieses Rezepten gibt es einige Variationen: Manche Leute verwenden die Mandeln ungeröstet. Andere dagegen verzichten auf den Zwieback und geben mehr Mandeln bei.

Jedenfalls entsteht immer eine honigähnliche oder etwas zähere Flüssigkeit, die bestimmt jedermann schmeckt.

ORANGENLIKÖR

Zutaten:
1/2 Liter kanarischer Branntwein oder Rum, die Schalen von 3 kanarischen Orangen (die weisse Haut entfernen), 2 Stangen Zimt, ein halber Teelöffel Gewürzanis, 500 g Zucker, 1/2 Liter Wasser.

Alle Zutaten ausser Wasser und Zucker mischen, in eine Flasche oder Glasgefäss tun und gut verschlossen 8 Tage stehenlassen.

Aus Wasser und Zucker einen Zuckerschleim zubereiten, bis er Fäden zieht (Holzlöffel verwenden). Erkalten lassen.

Den Branntwein durch ein Stoffsieb (oder ein Tuch) giessen und den Zuckerschleim beimischen.

Gut verschlossen in Flaschen aufbewahren. Je älter der Likör wird, um so besser. Man kann ihn aber auch sofort geniessen.

APRIKOSENLIKÖR

Wird wie der Orangenlikör zubereitet, aber mit 10 Aprikosen: 5 ganze Früchte, und von den anderen 5 nur die Schale verwenden.

KAFFEELIKÖR

Zutaten:
Etwa 200 g geröstete Kaffeebohnen, 1 Liter Branntwein oder Rum, 1 kg Zucker, 1 Liter Wasser, ein Teelöffel Gewürzanis, drei Zimtstangen.

Dasselbe Verfahren wie beim Orangenlikör, aber statt der Früchte die Kaffeebohnen in den Branntwein geben.

Ist der Likör zum sofortigen Verbrauch bestimmt, den Kaffee mahlen, mit dem Branntwein mischen und den Zuckerschleim dazugeben, sobald dieser erkaltet ist. Eignet sich allerdings nicht zum Aufbewahren und sollte noch am selben Tag verbraucht werden.

KRÄUTERLIKÖR

Dazu kann Melisse, Gartenminze, Pomeranze (bittere Apfelsine), «cañalimón» (eine Fenchelstaude mit zartem Anisaroma), usw., entweder gemischt oder getrennt, verwendet werden.

Auch andere aromatische Kräuter wie Poleiminze, Waldminze, Salbei usw. dienen zur Herstellung von Likören.

Dieselbe Zubereitungsweise wie beim Orangenlikör. Kräutermenge nach Geschmack und Belieben.

Mit Gewürzanis allein kann man ebenfalls einen guten Likör herstellen.

Diese Liköre sind auch als «mistela» bekannt.

ERNÄHRUNG UND GESUNDHEIT

In diesem Büchlein werden zahlreiche nahrhafte Rezepte genannt, die reich sind an Gebratenem und ziemlich viel Fett, Essig und Wein enthalten. Es ist nicht meine Absicht, jemanden davon überzeugen zu wollen, dass er auf diese schmackhaften Speisen verzichten soll, aber ich möchte empfehlen, mässigen Gebrauch davon zu machen und diese Zutaten eher etwas einzuschränken, um nicht eines Tages auf ärztlichen Rat ganz darauf verzichten zu müssen.

Besondere Vorsicht ist in der heissen Jahreszeit geboten. Während in kaltem Klima der menschliche Organismus mehr Fett braucht und auch mehr Alkohol vertragen kann, so könnte das im warmen und subtropischen Klima gefährlich für die Gesundheit werden. Und es ist leichter, diese zu verlieren als wieder zurückzuerlangen.

Im Vergleich zu anderen Ländern ist die Ernährung auf unseren Inseln gesünder. Auf den Kanaren wurde schon immer reichlich Gebrauch gemacht von Gemüsesuppen, Obst, Milch, Gofio (Mehl von geröstetem Getreide), Hartschalfrüchten und Fisch, und dagegen weniger vom Fleisch. Zwar muss nicht auf das Fleisch verzichtet werden, aber wenn man statt einem 500 g wiegenden Steak mit Pommes frites ein solches von 250 g mit wenig Kartoffeln und einem schmackhaften Salat verspeist, so wird man den Unterschied bestimmt merken. Auch sollte reichlich Getreide, Gemüse und Obst auf den Speisezettel kommen.

BIOGRAPHIE

Jose Luis Concepción wurde am 15. April 1948 in Breña Alta auf La Palma geboren. Nach dem Schlussabschluss studierte er Musik und betätigte sich danach in der Musikgruppe seines Heimatortes. Als Berufstätiger bereitete er sich in Abendkursen auf das Abitur vor.

Mit 18 Jahren emigrierte er nach England, wo er zehn Jahre lebte. Während dieser Zeit arbeitete er zunächst im Gaststätten-gewerbe, studiertek Englisch und andere Sprachen und war zuletzt Versicherungsvertreter.

Mit 28 Jahren kehrte er nach Teneriffa zurück und wurde in einer Privatschule Lehrer für Englisch; später auch Reiseleiter.

Unter den vielen Büchern, die er veröffentlicht hat wurden Die Guanchen -ihr Überleben und ihre Nachkommen sowie "Kanarische insel - Garten im Atlantik" ins Deutsche übertragen. Weiter Buchtitel des Autors sind: "Costumbres, tradiciones y remedios medicinales canarios", "Nombres propios guanches", und "Arquitectura y diseño del hogar ideal canario".

Im April 1984 gründete er die "Asociación Cultural de las Islas Canarias" und seit 1986 hat er über Radio ECCA verschiedene Kulturprogramme in der Reihe Die Kanarischen Inseln und ihre Menschen vorgestellt.

1988 begann er an der Universität Erdkunde und Geschichte zu studieren; 1991 schloss er das Geschichtsstudium ab.

autobuses Aorks

(raup).

4 Rum shaven